O HOMEM DO FUTURO

UM SER EM CONSTRUÇÃO

O HOMEM DO FUTURO

UM SER EM CONSTRUÇÃO

Organização Groupe 21

Adonis • José Anès • René Barbier • René Berger
Jean-Paul Bertrand • Jean Biès • Joseph Brenner
Ron Burnett • Michel Camus • André Chouraqui
Olivier Germain-Thomas • Jean-Yves Leloup
Basarab Nicolescu • Patrick Paul • Philippe Quéau
Manuel Rainoird • Michel Random

Tradução de Lucia Pereira de Souza

USP

TRIOM

Centro de Estudos Marina e Martin Harvey
Editorial e Comercial
1ª edição
São Paulo - 2002

ESCOLA DO FUTURO
UNIVERSIDADE DE SÃO PAULO

Título original
Mémoire du XXIe siècle, Cahier 2: L'Homme à venir

TRIOM – Centro de Estudos Marina e Martin Harvey
Editorial e Comercial Ltda.
Rua Araçari, 218
01453-020 – São Paulo – SP – Brasil
Tel: 11 3168-8380 / Fax: 11 3078-6966
E.mail: editora@triom.com.br
www.triom.com.br

Tradução: Lucia Pereira de Souza
Revisão: Vitória Mendonça de Barros
Ruth Cunha Cintra
Ilustração de capa: The Canon of Proportion, de Leonardo da Vinci
Capa, diagramação e fotolitos: Casa de Tipos Bureau e Editora Ltda.

Edição patrocinada por Vitória Mendonça de Barros

Dados Internacionais de Catalogação na Publicação (CIP)
(Câmara Brasileira do Livro, SP, Brasil)

O Homem do futuro : um ser em construção / organização
Groupe 21 ; tradução de Lucia Pereira de Souza. -- São Paulo :
TRIOM, 2001.

Título original: L'homme à venir.
Vários autores.
Bibliografia.
ISBN 85-85464-44-5

1. Interdisciplinaridade e conhecimento 2. Previsão do futuro
3. Século 21 I. Groupe 21.

01-5886 CDD-001

Índices para catálogo sistemático:
1. Transdisciplinaridade : Conhecimento 001

Sumário

PONTOS DE VISTA
O homem do futuro

ARQUIVOS

OBLÍQUAS

LEITURAS

Pontos de vista

O homem do futuro

Introdução
O homem iniciático

Jean-Paul Bertrand

O homem do futuro não é o do terceiro milênio.

Ele é o de todos os tempos dentro do ciclo da criação humana. Ele vive na passagem entre o nascimento e a morte para tentar a celebração cósmica. Seu tempo é o tempo. Sua consciência, o desafio lançado a partir de um questionamento de resposta impossível. Ele é o *homem iniciático*. Aquele que se cria a cada instante seguindo o plano genético, espiritual e causal.

O desafio: servir-se de nosso espaço-tempo para construir-se, para desvendar uma coerência com um esboço sem traços nem palavras. Adivinhar a intenção sem ter a cópia corrigida, pois todos somos alunos sem professores. Tentar perceber a intenção é perder-se em todos os tipos de certezas destruidoras. Morrer espontaneamente e não contra a vontade, mas a cada minuto. Abandonar o conforto do saber, até mesmo o de sua construção. Questionar tudo. O *eu* e o *si*. Não acreditar, mas experimentar, não fixar-se, nunca parar.

Desde que o homem existe, o homem do futuro já havia sido criado para o seu futuro. Ninguém pode dizer se houve vitórias. É certo que as experiências continuam. Mas, para participar dessa experiência, é preciso pensar em sua dimensão, testá-la, senti-la como uma exigência e nomeá-la sem usar alfabeto convencional.

A armadilha do homem é somente estar em uma dimensão do passado.

Esta não faz parte de sua experiência. Ela não lhe pertence. Curiosamente, o homem do futuro é aquele capaz de perceber seu presente em uma forma de eternidade limitada; uma forma de utopia essencial para exercer sua consciência. Aqui o tema do ser prisioneiro – aparente – do espaço-tempo sublima a descoberta de sua própria dimensão terrestre. Realidade ou *maia?* Tanto faz; não há solução, pois não existe resposta completa.

O jogador tem o dever de explorar pluridimensionalmente os parâmetros do jogo. Sua tentativa tem a consequência de modificar, por um lado, não sua condição, mas a consciência de sua condição, e por outro, o ambiente enquanto ele viver e depois de seu desaparecimento. O que vem a ser, criar a interferência que imprime a marca provisória de uma forma de imortalidade impessoal. O presente é, portanto, uma dimensão do futuro controlada (pelo menos em sua percepção) que permite que o homem seja o homem do futuro.

Realmente, o nascimento é o dote de promessas cujas realizações serão o campo de experimentação da vida. Por esta razão o homem do futuro já nasceu há milhões de anos, na verdade desde sempre.

Ser da viagem e não do túmulo. Eis o 'desafio' que nos é proposto. O homem do futuro está ligado àquela questão mais essencial: somos a causa da criação ou uma de suas consequências? Todo nosso futuro está contido nesta resposta, que nunca poderá ser formulada de outra maneira a não ser pela própria exploração de nossa dimensão de homem do futuro.

Esta busca coletiva assume sua dimensão dentro da busca de cada indivíduo. Esta troca permanente exterior-interior e vice-versa dá o exemplo perfeito das possibilidades de nossos deveres de procura. Meditar e construir, experimentar e realizar, este é nosso objetivo, permitido por nossa natureza e nossa consciência. Mesmo que, dependendo das percepções, sejamos para alguns frutos da sorte e da necessidade ou – esperamos – para outros, participantes do plano primordial, isso nada muda em nossa dimensão de homem do futuro. Ao contrário, no primeiro caso, temos que agir pela beleza do gesto – a exploração de todos os possíveis em homens curiosos e responsáveis - ; no segundo caso, trata-se do dever de realização. Responder a um plano de origem, àquele esboço primordial e portanto espiritual. É nisso que somos todos iguais diante desta possibilidade oferecida de construir nosso mestre interior e de manifestar nossa experiência.

O homem do futuro é, portanto, o homem de agora, de hoje. Nosso mundo atual beneficiou-se com homens do futuro do passado; nós manifestamos, por nossa vez, o que somos hoje para o amanhã.

De fato, o homem do futuro é um buscador de amor, não para si mesmo, mas porque tem consciência que seu trabalho pessoal pode se juntar, como uma poeira de estrelas, aos outros, a fim de participar de seu brilho.

O homem do futuro não se reduz, mas podemos citar a frase de Novalis que abre um campo de reflexões: "Não conhecemos as profundezas de nosso espírito. O caminho misterioso dirige-se para dentro. É em nós, ou então em nenhum outro lugar, que está a eternidade, com seus mundos, o passado e o futuro. O mundo exterior é o mundo das trevas, ele lança sua sombra sobre o reino da luz."

O homem do futuro é nosso presente diário. É uma proposição para viver, agora sim, de uma maneira próxima da eternidade.

Junho de 2000

O homem poético

BASARAB NICOLESCU

De qual 'homem' falamos? Do homem individual ou da espécie humana? E, aliás, por que 'o homem' e não 'a mulher'? Por que o homem seria mais importante que um animal, que uma planta ou um próton? Por que apenas ele se dá o direito de interrogar-se a respeito de seu *futuro*? 'Futuro' onde e quando? No planeta Terra ou em algum outro planeta distante que o homem não deixará de colonizar em alguns milhares de anos? No tempo da história ou quando o tempo for abolido?

Com toda certeza, a questão do 'homem do futuro' tem todas as características de um pensamento Zen.

Vamos supor que estamos falando do homem individual. Cada indivíduo é um ser singular, irredutível a um outro. Existem tantas diferenças entre dois seres humanos quanto entre uma águia e uma serpente, entre um leão e um chacal. Como poder vislumbrar um futuro para tal diversidade transfinita?

Vamos supor agora que estamos falando da espécie humana. Milhões de espécies desapareceram ou estão desaparecendo desde o aparecimento da vida. Por que esta espécie, aparentemente igual às outras, teria um futuro?

É fácil entender: para onde quer que nos voltemos, encontramos no caminho o vácuo do sentido.

Se estivermos atentos às vozes eloquentes do século

que acaba de expirar, iremos, talvez, nos convencer que o homem é somente um acidente da história do universo. Pouco importam os detalhes: acidente complicado, complexidade acidental ou acidente da complexidade. Pode um acidente ter um destino? Assim tudo passa a ser permitido. A violência, a guerra, a autodestruição de nossa própria espécie. Resta, é claro, nossa solidariedade, daqueles que nos são semelhantes geneticamente e que partilham o mesmo cantinho do universo – a Terra. Esta solidariedade, precisamos realmente reconhecê-la, é limitada e mesmo contraditória pois, na falta de sentido, pode levar aos piores excessos.

Indo mais longe, se somente nossa existência dá sentido ao universo, temos que concluir que o universo não tinha nenhum sentido antes do aparecimento do homem: se o homem for um acidente, sinto-me obrigado a deduzir que o universo inteiro é um acidente. Difícil posição: como um universo insensato produz um homem sensato? Ou então o próprio homem é insensato e, então, por que falar do 'homem do futuro'?

O único consolo que resta é a Evidência Absurda. Nós nos contentamos em afirmar que o homem é a entidade mais complexa do universo: ele é mais complexo que o universo. Isto pressupõe uma complexidade ordenada, pois, sem ordem, a complexidade é equivalente a uma lata de lixo cósmica contendo tanto o homem quanto o universo. Poderíamos ultrapassar o estado da Evidência Absurda de outra forma senão colocando a questão da consciência, que nos remete inexoravelmente à questão do sentido?

Convém, neste contexto, interrogar a ciência. É certo que a ciência tem reputação de não pensar: ela é silenciosa a respeito da questão do sentido. Mas ela impõe regras extremamente rigorosas a toda consideração sobre o sentido. Um discurso sobre o sentido que estiver contradizendo os dados da ciência, será um discurso inútil e, em última *análise*, perigoso.

De acordo com a narrativa feita pela cosmologia quântica, o universo começou por uma espécie de inferno borbulhante povoado pelos quarks, leptons, gluons e outros mensageiros das diferentes interações físicas (ainda não diferenciadas). Evidentemente o homem, que é uma invenção mais tardia do universo, *não existia*. À pergunta: "Quem observava o universo antes da invenção do homem?", podemos, contudo, responder, se optarmos pelo sentido: *o homem do futuro*.

Existe uma espécie de supremo ato narcisista do universo: inventar o homem para ver a si mesmo no olhar de um outro. Assim, hoje, nós não sabemos se é o homem que observa o universo ou o universo que observa o homem. Os dois ao mesmo tempo, talvez: o homem que conhece é, ao mesmo tempo, conhecido. A única novidade verdadeira do universo em evolução é o aparecimento do homem. Nós nascemos em uma sepultura estrelada. E assim o universo tornou-se consciente.

Sobre o que pode repousar tal ato de fé no sentido?

Certamente existe um *bootstrap* cósmico, uma vasta autoconsistência que liga as galáxias, o mundo quântico, as estrelas, o homem, os planetas, o átomo. Esse *bootstrap* cósmico se manifesta através de um alucinante ajustamento das constantes físicas: se o valor numérico de uma única destas constantes estiver levemente diferente daquela efetivamente observada pelos astrofísicos, não poderão existir os planetas, as galáxias, os elementos pesados que condicionam a vida e, assim, nós também, no momento em que nos questionamos sobre o homem do futuro. Os físicos dão a estes fatos o nome um pouco pomposo de 'princípio antrópico'. Um cético poderia dizer: "O que há de extraordinário no fato de existir um ganhador na Loto?" A objeção é válida, mas todo o problema é que, se a Natureza agisse tateando a esmo, 'a coroa da criação' precisaria, para ganhar na loteria cósmica, de um tempo nitidamente maior que a idade do universo. Isso lembra o argumento muito conhecido do macaco que, dedilhando a esmo as teclas do computador, acaba escrevendo *Hamlet*. Todo o problema é que esse processo exige tempo: quando o macaco acabar de escrever a peça de Shakespeare, já não existirão macacos, nem computador e, talvez, nem universo.

Não se trata, é claro, de uma demonstração mas de uma indicação vinda do mundo natural. A autoconsistência, considerada pelos físicos e cosmólogos, não é, finalmente, senão um caso particular do antigo princípio de interdependência universal.

Uma outra indicação vem do mundo da gnose, por exemplo, através da palavra de Jakob Boehme. Essa indicação está baseada na exploração do mundo interno, tão rico quanto o universo externo. Boehme fala do nascimento de Deus, não no mundo mas com o mundo. Este nascimento é, de fato, um autonascimento. A autoconsistência do universo exige o autonascimento conjunto do homem e de Deus. Assim, o nascimento de nosso universo parece ter como objetivo o autonascimento do homem. Eis uma bela perspectiva do homem do futuro!

Mas, podemos fechar os olhos diante da morte, do sofrimento, do horror?

A negentropia evolutiva do universo exige, por meio da pressão da conservação da energia, a entropia involutiva da humanidade. A auto-reprodução do universo estaria assegurada pela invenção do homem mortal. A própria história humana poderia ser encarada pelo ângulo da diminuição progressiva da consciência em favor do aumento do poder do homem sobre a Natureza. Essa entropia involutiva é a base da autodestruição. Em suma, a loucura do homem é a de dar um sentido a tudo o que não tem sentido e de não dar nenhum sentido a tudo o que tem um sentido. Aí se encontra a origem das guerras, dos totalitarismos, dos fanatismos, da violência, do ódio. Além disso, existe uma aceleração evidente: o universo levou bilhões de anos para inventar o homem, enquanto que o homem, no período de quase um século, se entregou aos meios para destruir completamente a Terra. Se continuarmos assim, armados, acima de tudo, com a bomba genética e a bomba informática, será desnecessário interrogar-se sobre o homem do futuro pelo simples fato que já não haverá homem do futuro.

Resta a esperança, apesar de tudo, na evolução individual do homem. Dentro do contexto que acaba de ser esboçado, esse processo é muito difícil, pois no universo interno, assim como no universo externo, existe uma lei da gravidade: cai-se fatalmente em cima do cosmo mais próximo. Em outras palavras, é sempre mais fácil descer que subir. Só o homem pode escapar da influência da gravitação universal: ele pode cair de baixo para o alto.

Os sábios de todas as épocas dizem que a evolução do homem é a evolução de sua consciência. O dom supremo do homem é a transubstanciação. O homem contém em si todo o universo – passado, presente e futuro. Neste sentido, o homem do futuro sempre existiu.

É realmente corajoso aquele que tenta predizer o que será o homem do futuro! Posso, quando muito, falar do homem como gostaria que ele fosse: *o homem poético.*

O homem me parece uma nuança cósmica. Existe algo profundamente musical no fenômeno humano. O homem é o elo que falta no universo: é ele quem estabelece as pontes entre os diferentes níveis de Realidade. O imaginário é uma prega do real e o real uma prega do imaginário. De prega em prega, o homem poético foi inventado. Mas *é* nosso sono que nos faz esquecer nossa origem poética.

Para o homem poético, a barbárie do binário é insuportável. Ele vai chegar do outro lado das fronteiras estabelecidas pelas nações, pelas disciplinas, pelas culturas e pelas religiões. O homem do futuro, o homem poético, é o homem do terceiro. Ele irá se reconhecer na face do outro e vai construir uma vida poética sobre esta Terra sofrida demais. A insurreição poética vai, um dia, varrer a Terra, como uma ofuscante luz de amor.

Uma consciência anunciada

JEAN-YVES LELOUP

Quando me perguntam sobre o futuro do homem, tenho o hábito responder: "Por que o homem precisa se preocupar tanto com seu futuro e tão pouco com sua eternidade?" Mas, fugir de uma questão, não tem nada de transdisciplinar; é verdade que o homem não é um ser, mas uma potencialidade de ser.

Não nos faltam animais inteligentes, o ser humano ainda não existe, ele está para chegar. O *Antropos* é 'aquele que chega' (o *Erkomenos* do livro do Apocalípse). Ele chega, sem dúvida, por meio de uma certa evolução da consciência e um número considerável de gêneses (angélica, cósmica, terrestre, animal, humana em breve...).

O homem do futuro é uma consciência anunciada, um lugar onde o universo vai se pensar. Se esse pensamento não for uma prega, um poema poderá nascer, uma prece poderá acontecer.

Jung questionou-se a respeito dessa evolução possível da consciência. Por ocasião de um banquete que estava encerrando um seminário em Nova Iorque de 16 a 26 de outubro de 1937, ele disse: "Se existisse um tipo de raios X que permitisse observar o estado do inconsciente de um homem de duzentos a trezentos anos atrás e compará-lo ao do homem atual, descobriríamos uma enorme diferença. No primeiro indivíduo, ele estaria em repouso, no homem moderno, muito excitado e ativo. Outrora os homens nem mesmo percebiam que tinham uma psicologia. O inconsciente tinha seu lugar e permanecia adormecido na teologia cristã. A 'visão do mundo' (*Weltanschauung*) que resultava disso era universal, de uma uniformidade absoluta – sem deixar margem de dúvida."

Após a leitura deste texto, podemos pensar que "se observássemos com raio X o inconsciente de um homem de trezentos anos atrás e o de um homem de hoje" não haveria talvez "a enorme diferença" da qual Jung fala. Trezentos anos, na verdade, são muito pouca coisa, é antes provável que o inconsciente de um homem do século XVII ou do século XVIII obedecesse às mesmas estruturas arquetípicas que às de um homem de hoje. A deusa 'razão' e os mitos das ciências ditas exatas, ainda que abalados em suas estruturas, não reinariam ainda sobre nosso inconsciente coletivo?

Sem dúvida, deveríamos comparar mais o inconsciente do homem do paleolítico com o do homem de hoje. Então veríamos alguma diferença; não tenho certeza que ela seja tão 'grande' pois somos todos *Sapiens sapiens* ou *Sapiens demens*, dizia Edgar Morin... E depois, devemos observar que o crânio de Lucy, a linda australopiteca *afarensis* que data de três milhões e meio de anos, não conservou muitos traços de seu inconsciente...

Os traços precisam ser procurados nas cavernas, algumas pinturas de ocre vermelho precisam ser interrogadas, os restos de alguns rituais fúnebres explorados e, na interpretação dos afrescos ou dos restos, corremos o risco de encontrar mais informações sobre o inconsciente dos paleontólogos contemporâneos do que sobre o de nossos antepassados.

Contudo, não deixaria de ser interessante o estudo dos grandes mitos, dos grandes arquétipos e suas evoluções através da história das diferentes civilizações da humanidade. Neste particular, podemos encontrar no texto citado por Jung, um etnocentrismo bizarro que não lhe era comum: "O inconsciente tinha seu lugar e permanecia adormecido na teologia cristã. A 'visão do mundo' que ele produzia era universal, de uma uniformidade absoluta – sem deixar margem de dúvida."

Como se a teologia cristã fosse o único reservatório de mitos e de arquétipos com o qual a humanidade devesse se informar! Os trabalhos de Mircea Eliade, de Leroi-Gourhan e do próprio Jung mostram que nosso inconsciente pode ser alimentado por outras fontes.

Erich Neumann, colaborador e discípulo de Jung, mostrou a evolução possível do inconsciente através dos grandes mitos que estruturam a história da humanidade: mitos da criação, arquétipos de Ouroboros, da grande mãe (ao qual ele dedicou uma tese de quinhentas páginas), do herói e finalmente do nascimento do ego.

Ken Wilber retomou estas teses desenvolvendo-as. Ele estabeleceu um certo número de correspondências muito interessantes entre o desenvolvimento psíquico do indivíduo e as etapas conscientes e inconscientes através das quais passa a humanidade em geral. A este respeito, eu os remeto então aos trabalhos de Neumann e de Wilber, que – espero – serão um dia traduzidos para o francês.[1] Sem ignorar estes trabalhos, vamos aqui focar mais o processo pelo qual a evolução da psique (ou seja, do psiquismo em sua totalidade, consciente e inconsciente) foi possível. Eis a hipótese que lhes proponho. Como qualquer hipótese, ela exige discussão:

✓ Nossa existência evolui através de nossos desejos, nossos medos. Desejos de quê? Medos de quê?

✓ Nosso desejo inconsciente é anseio pelo Aberto –

---

[1] Particularmente: *Up from Eden, a transpersonal view of human evolution* de Wilber (Anchor-DoubleDay, New York 1981) e *The Origines and History of Consciousness* de Neumann (texto preparado pela Universidade de Princeton em 1973, o original alemão é de 1949!)

apreendido como total Presença ou Plenitude (em grego: *Pleroma*).

✓ Nosso medo inconsciente é medo do Aberto, apreendido como total Repouso, ausência ou esvaziamento do 'eu' (em grego: *Kenosis*).

Pleroma e *Kerosis* são, assim, duas maneiras de apreensão do Aberto: uma positiva, outra negativa; uma, objeto do desejo, a outra objeto do medo... É a mesma Realidade, que é desejada e que nos dá medo. Nesta perspectiva, o inconsciente seria: desejo do *Pleroma* e resistência à *Kenosis!* Este desejo e esta resistência podem conhecer diferentes graus de intensidade e de patologia.

Este desejo do *Pleroma* pode:

1. começar como uma interrogação, uma curiosidade diante do Aberto, uma busca de plenitude: é o que inspira os filósofos humanistas;

2. continuar como uma nostalgia diante do Aberto, uma ascese, um comprometimento em um caminho para a Plenitude: é o domínio dos filósofos religiosos;

3. desenvolver-se em contemplação, disponibilidade para a Presença do Aberto, meditação produzindo uma permanência do coração no Aberto: é o domínio dos filósofos místicos.

A resistência à *Kenosis* pode manifestar-se inicialmente:

1. como temor (medo) diante do Aberto (= normose);

2. transformar-se em ansiedade (angústia) diante do Aberto (= neurose);

3. progredir para terror diante do Aberto (= psicose).

Em termos mais existenciais diríamos que esta resistência à *kenose*, ao Aberto, apreendido como repouso total, é resistência ao morrer = temor diante da morte, angústia diante da morte, terror diante da morte...

Neste particular, Becker[2] mostrará que antes da re-

---

[2] Em *The Denial of Death*, New York, 1973, e *Espace from Evil*, New York, 1975.

pressão ou da rejeição da sexualidade, existe a repressão e a rejeição da consciência da morte. É esta rejeição, esta resistência que constituem nosso inconsciente. A cultura é, igualmente para ele, o melhor mecanismo de defesa que o homem teria encontrado diante da morte.

Poderíamos então dizer que aquele que aceitar totalmente a *kenose*, ou seja a anulação de suas representações (de si mesmo, dos outros, do Cosmo e mesmo de Deus) acordaria para seu Repouso eterno no qual recebe realmente e gratuitamente 'a vida, o movimento e o Ser'?

Pleroma, Kenosis: duas palavras para designar a apreensão – desejada ou temida – do Aberto. Escolhi este termo 'Aberto' não apenas porque Rilke e Heidegger gostam dele (sem nunca aliás desenvolver as consequências que sua apreensão poderia ter na evolução da psique individual e coletiva), mas também porque ele me parece traduzir exatamente a experiência daquele que, depois de uma morte clínica ou de uma morte simbólica, parece falar 'do além' e do mais amplo que ele mesmo, ao mesmo tempo que aceita seus limites...

Em que esta apreensão do Aberto, como desejo do *pleroma* e resistência à *kenose*, seria fator de evolução da psique? Para responder a esta questão, eu subiria em uma 'árvore-escada' simbólica, parando em cada degrau, este último representando um estágio ou uma etapa dessa evolução. Este símbolo da escada e da árvore nos lembra o que dizia Lao-tse: "O de cima apóia-se sobre o de baixo" e mostra que quanto mais alto quisermos subir para a luz, mais profundamente enraizados na matéria deveremos estar, mais profundamente deveremos manter juntos a terra e o céu...

A imagem da escada nos lembra também que para galgar um degrau superior, precisamos ter passado pelo degrau inferior. E que o degrau superior não nega o degrau inferior mas o integra e o supera. No processo de nossa evolução, de nossa transformação, vem a ser integrar os diferentes níveis de consciência pelos quais passamos. Percebemos que a cada 'passagem', a cada ingresso em um novo estado de consciência, encontramos, ao mesmo tempo, o desejo de *pleroma* e o medo da *kenose*.

1. Comecemos pelo início: a vida intra-uterina.

Nela, o Aberto está preenchido como um ovo. E contudo, algumas pesquisas contemporâneas dirão que isto nem sempre é evidente, que desde nossa vida intra-uterina podemos passar por uma certa experiência de *kenose*, ou seja, um certo sentimento de abandono. Existem formas de abandono intra-uterino: no caso de uma criança não desejada, não querida, ela sentirá um tipo de abandono intra-uterino que deixará marcas em sua vida de adulto, adulto este que sempre terá dificuldade em acreditar que é amado. Ele será particularmente vulnerável à neurose de abandono. Ele sempre terá dificuldade para encontrar um sentimento de *pleroma*, de tranquilidade interior. Conhecemos pessoas que se sentem sempre, mais ou menos, abandonadas ou que se sentem 'indesejadas' no mundo.

Lembro de Jean-Paul Sartre. Ele descrevia perfeitamente esta sensação de 'ser indesejado' no mundo, aquele tédio ou aquele sofrimento que podem ter sua origem na memória intra-uterina. Mas, geralmente a vida intra-uterina tinha sido percebida mais como um estado de beatitude, um estado de 'plenitude oceânica'. A imagem que foi usada em algumas formas mitológicas e que será usada por Jung e Neumann é a do Ouroboros, a serpente que morde a própria cauda – círculo fechado, plenitude fechada sobre si mesma. Mas não deixa de ser apenas um estado de 'adualidade' que não deve ser confundido com o estado de 'não-dualidade'.

A confusão, para alguns psicólogos, seria interpretar estados transpessoais de não-dualidade dizendo: é uma

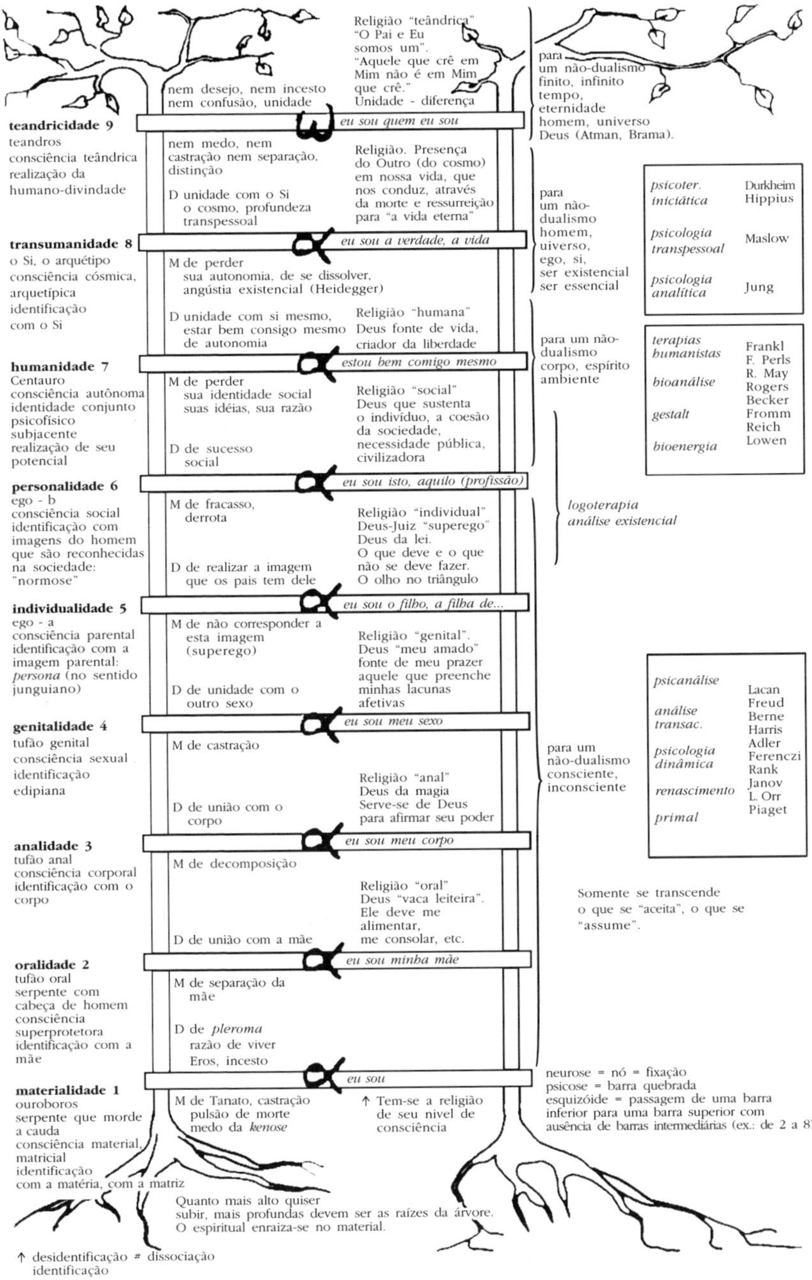
teandricidade 9
teandros
consciência teândrica
realização da
humano-divindade
nem desejo, nem incesto
nem confusão, unidade
Religião "teândrica"
"O Pai e Eu
somos um".
"Aquele que crê em
Mim não é em Mim
que crê."
Unidade - diferença
eu sou quem eu sou
para
um não-dualismo
finito, infinito
tempo,
eternidade
homem, universo
Deus (Atman, Brama).
nem medo, nem
castração nem separação,
distinção
D unidade com o Si
o cosmo, profundeza
transpessoal
Religião. Presença
do Outro (do cosmo)
em nossa vida, que
nos conduz, através
da morte e ressurreição
para "a vida eterna"
para
um não-
dualismo
homem,
uiverso,
ego, si,
ser existencial
ser essencial
psicoter. iniciática
Durkheim
Hippius
psicologia transpessoal
Maslow
psicologia analítica
Jung
transumanidade 8
o Si, o arquétipo
consciência cósmica,
arquetípica
identificação
com o Si
eu sou a verdade, a vida
M de perder
sua autonomia, de se dissolver,
angústia existencial (Heidegger)
D unidade com si mesmo,
estar bem consigo mesmo
de autonomia
Religião "humana"
Deus fonte de vida,
criador da liberdade
para um não-
dualismo
corpo, espírito
ambiente
terapias humanistas
bioanálise
gestalt
bioenergia
Frankl
F. Perls
R. May
Rogers
Becker
Fromm
Reich
Lowen
humanidade 7
Centauro
consciência autônoma
identidade conjunto
psicofísico
subjacente
realização de seu
potencial
estou bem comigo mesmo
M de perder
sua identidade social
suas idéias, sua razão
D de sucesso
social
Religião "social"
Deus que sustenta
o indivíduo, a coesão
da sociedade,
necessidade pública,
civilizadora
personalidade 6
ego - b
consciência social
identificação com
imagens do homem
que são reconhecidas
na sociedade:
"normose"
eu sou isto, aquilo (profissão)
M de fracasso,
derrota
D de realizar a imagem
que os pais tem dele
Religião "individual"
Deus-Juiz "superego"
Deus da lei.
O que deve e o que
não se deve fazer.
O olho no triângulo
logoterapia
análise existencial
individualidade 5
ego - a
consciência parental
identificação com a
imagem parental:
persona (no sentido
junguiano)
eu sou o filho, a filha de...
M de não corresponder a
esta imagem
(superego)
D de unidade com o
outro sexo
Religião "genital".
Deus "meu amado"
fonte de meu prazer
aquele que preenche
minhas lacunas
afetivas
psicanálise
análise transac.
psicologia dinâmica
renascimento
primal
Lacan
Freud
Berne
Harris
Adler
Ferenczi
Rank
Janov
L. Orr
Piaget
para um
não-dualismo
consciente,
inconsciente
genitalidade 4
tufão genital
consciência sexual
identificação
edipiana
eu sou meu sexo
M de castração
D de união com o
corpo
Religião "anal"
Deus da magia
Serve-se de Deus
para afirmar seu poder
analidade 3
tufão anal
consciência corporal
identificação com o
corpo
eu sou meu corpo
M de decomposição
D de união com a mãe
Religião "oral"
Deus "vaca leiteira".
Ele deve me
alimentar,
me consolar, etc.
Somente se transcende
o que se "aceita", o que se
"assume".
oralidade 2
tufão oral
serpente com
cabeça de homem
consciência
superprotetora
identificação com a
mãe
eu sou minha mãe
M de separação da
mãe
D de pleroma
razão de viver
Eros, incesto
materialidade 1
ouroboros
serpente que morde
a cauda
consciência material,
matricial
identificação
com a matéria, com a matriz
eu sou
M de Tanato, castração
pulsão de morte
medo da kenose
↑ Tem-se a religião
de seu nível de
consciência
neurose = nó = fixação
psicose = barra quebrada
esquizóide = passagem de uma barra
inferior para uma barra superior com
ausência de barras intermediárias (ex.: de 2 a 8).
Quanto mais alto quiser
subir, mais profundas devem ser as raízes da árvore.
O espiritual enraiza-se no material.
↑ desidentificação ≠ dissociação
identificação

regressão àquele estágio intra-uterino, portanto de adualidade, pré-pessoal.

Romain Rolland escreveu um dia a Freud dizendo que acabava de viver na Índia, junto a um sábio muito conhecido, um momento de sentimento de unidade com o cosmo, com aquela pessoa - um momento de real plenitude. Freud respondeu imediatamente: "Ótimo, você acabou de viver uma espécie de regressão ao seio de sua mãe, este sentimento oceânico, você já o havia experimentado na vida intra-uterina".

É, em nosso entender um exemplo típico de alguma coisa que se situa além do que Freud podia apreender com sua psicologia e que ele tendia a reduzir, a reinterpretar dentro de suas próprias categorias. Interpretar um estado de não-dualidade, segundo as categorias da adualidade, é uma tentação difícil de resistir.

Contudo, este estado de unidade com a mãe é um reflexo da unidade com o Todo e pode deixar em nós traços de nostalgia. É uma imagem do *pleroma*, mas não o *pleroma* em si.

Contudo, quando se trata, na hora de nascer, de passar desta experiência de pseudo*pleroma* para o ar livre, existe um real vivido de *kenose* que não pode deixar de marcar, diriam Arthur Janov, Otto Rank e todos aqueles que falam do 'traumatismo do nascimento'.

A criança vai procurar quase imediatamente reconstruir seu ovo, fechar sua concha; na procura de um substituto para a unidade perdida, ela irá se identificar com o corpo de sua mãe. Este será seu primeiro lugar de identificação; o corpo da mãe e o seu eu ainda não são vividos como separados.

O *pleroma*, nesta fase, é buscado através da via oral. Alguns adultos, nos momentos de angústia ou de ansiedade, podem procurar uma concha, um certo sentimento de plenitude, um substituto de *pleroma* pela via oral. Não falo do cigarro, do charuto, mas do álcool, das drogas que vão recriar uma espécie de clima pseudopleromático, de adualidade que alguns podem considerar como uma espécie de estado ou de embriaguês mística, quando na verdade trata-se efetivamente de uma regressão e as críticas de Freud são, nestes casos, plenamente justificadas.

Estas críticas ou suspeitas, devem ser deixadas de lado, colocadas em seus devidos lugares, mas também devem ser reconhecidas no que têm de verdade.

Existem efetivamente estados de dissolução que não têm nada a ver com a não-dualidade.

2. A criança vai se identificar com a mãe. Ela vai procurar, de certa forma, reconstituir o *pleroma* através do corpo da mãe. Se a mãe ou a pessoa que se ocupa da criança não estimular demasiadamente essa fixação, ela vai ajudá-la, pouco a pouco, a assumir sua autonomia em relação ao próprio corpo.

Esta autonomia-afastamento pode ser vivida novamente como uma grande dor, uma nova *kenose*; assim a criança vai buscar um outro objeto de identificação, um outro lugar com o qual vai poder reconstituir seu *pleroma*, sua unidade: isso vai ser seu próprio corpo ou o 'objeto de transição' convenientemente estudado por Winnicott: um paninho ou um urso de pelúcia: é como se, através deste simples objeto, a criança recuperasse sua unidade, seu paraíso perdido; este paninho representa o mundo, representa a mãe. Como no pensamento mágico, a parte é confundida com o todo. Sempre o desejo do *pleroma*, de uma certa plenitude através de um objeto que não é a plenitude, mas seu substituto.

3. Mas o medo da *kenose* vai outra vez manifestar-se de forma mais complexa: na hora em que começa a se identificar com o próprio corpo, a criança tem também a

experiência que seu corpo se decompõe: a experiência das substâncias fecais; os adultos se perguntam por que ele grita, por que chora tão alto. Alguns dirão: talvez seja, neste nível, na consciência que lhe é própria, sua primeira experiência de *anicca*, da impermanência de todas as coisas: "Tudo o que for composto será decomposto".

A *kenose* do estágio anal é tão real e terrificante quanto a do estágio oral ou do nascimento. Nesses momentos, sabemos quão importantes são as palavras da mãe, quão importante é a linguagem que começa a surgir; a mãe dirá que "não é senão seu corpo".

4. É seu corpo, mas apenas isso, seu eu é algo bem mais amplo. Através desta *kenose* aceita, ou seja, através desta renúncia ou deste sacrifício aceito de uma imagem de si mesmo muito corpórea, a criança vai poder evoluir. Ela sempre evoluirá através do sacrifício, da renúncia a uma certa imagem de si mesmo, mas sempre, simultaneamente, com o desejo de encontrar ainda uma nova forma de *pleroma*. Daqui para a frente, ela irá procurar a plenitude na união psicossexual com a mãe ou com o pai. Esse estágio 'edipiano' é bem conhecido. Não precisamos nos demorar aqui. Observemos simplesmente que as pessoas, que têm fixações nesta fase do desenvolvimento da consciência ou das memórias difíceis (*vasanasamskaras*), estão arriscadas a ficar impotentes ou frígidas, talvez ninfomaníacas ou *Don Juans*, ou seja, elas procurarão o *pleroma*, a Unidade perdida, pela via genital. Isto não quer dizer que a união sexual seja algo negativo ou prejudicial, mas buscar a plenitude somente através desta forma particular de unidade não pode realmente preencher o infinito desejo do *pleroma* que nos habita.

Neste caso também trata-se de uma etapa; que não deve ser negada, mas sim integrada, para se ir em frente. E, nesse exato momento intervirá, geralmente, a segunda pessoa, que lembrará à criança que o pai, a mãe, não lhe pertencem (o Não do pai – o Nome do pai).

Se o sacrifício for aceito, se a renúncia ao substituto do *pleroma* for aceita, a criança continuará a crescer; novamente ela procurará um objeto de identificação, um novo *pleroma*, no qual poderá se tranquilizar, 'descansar' de algum modo.

Essa unidade, essa plenitude que buscamos – quer seja no seio materno, quer seja em nosso próprio corpo ou na sexualidade –, diríamos que, a cada vez, é como se ela nos fosse arrebatada.

5. Já não a identificando somente com sua mãe, seu corpo ou seu sexo, a criança procurará a unidade com uma certa representação de si mesma; é a idade em que geralmente ela procura corresponder à imagem que seus pais têm dela (ver a *persona* ou *imago* de Jung).

Existem sempre adultos que querem corresponder à imagem inconsciente que o pai ou a mãe podem ter deles. A passagem pela angústia parece inevitável no dia em que percebem que não são essa imagem, que não correspondem à imagem que o pai ou a mãe puderam ter deles. O que não acontece sem dificuldades, sem *kenose*.

Mas é sendo capaz de aceitar que não sou somente o projeto que meus pais puderam ter de mim mas que "eu sou o que eu sou", que vou poder novamente crescer.

Sempre um desejo tenaz nos mantém na busca de um *pleroma* menos ilusório.

6. Já que não consigo corresponder à imagem que meus pais têm de mim, vou procurar corresponder à imagem do homem ou da mulher 'perfeitos' que a sociedade pode produzir. E, neste instante, vou tentar identificar-me com esta ou aquela imagem reconhecida e considerada como 'bem sucedida', como 'perfeita', pelo meio que me cerca.

Isso não acontece sem que, ao mesmo tempo, nasça em nós um medo secreto, o medo de não corresponder aos modelos sociais. Existe em mim algo que está insatisfeito: é meu desejo profundo que está, de certa forma, frustrado. Meu desejo me arrasta ainda mais longe.

É um período que pode ser bastante difícil. Quando tivermos chegado a este estágio de desenvolvimento, quando tivermos conseguido acertar as contas quanto às fixações orais, anais, seremos capazes de nos socializar corretamente, de nos adaptar à sociedade, de ser sadios, 'normais'.

A isso podemos acrescentar que, estar bem adaptado em uma sociedade doente, não quer dizer realmente gozar de boa saúde. Se escuto em mim esse desejo do Aberto como plenitude e se esse desejo for mais forte que meu medo de ser 'anormal', irei reconsiderar minha bela imagem social. E vou então receber de meu interior a coragem para me fazer passar por imbecil ou por alguém um pouco estranho na sociedade.

As pessoas que no Ocidente enveredaram por um caminho como o da ioga, ou da meditação, parecem exóticas aos outros e são chamadas, no mínimo, de 'bizarras', quando não pior.

Precisamos assim passar novamente pela *kenose*, pela anulação de uma certa imagem que temos de nós mesmos, não apenas aquela que nossos pais tinham de nós, mas aquela produzida pelo ambiente social.

7. Mas é a condição por excelência para conseguir a verdadeira autonomia: daí para a frente, o que estiver na raiz de minhas ações, não será somente meu inconsciente com suas motivações orais, suas pulsões de fome, de agressividade, de reprodução que estará atuando, já não será somente o desejo de dar prazer ao papai e à mamãe (ao papai e à mamãe interiorizados em meu inconsciente), já não será simplesmente o desejo de ser alguém perfeito,

reconhecido na sociedade, mas a obediência àquela lei interior, àquela seiva interior que faz com que a árvore cresça um pouco mais.

Ainda não chegamos ao fim do caminho. Esse desejo de *pleroma* ainda continua a nos trabalhar... Ainda existem outros estados de consciência, não basta "estar me sentindo bem", ter despertado em mim aquela liberdade, aquela autonomia, mas ter chegado aí, já é fantástico!

8. Contudo, surgem circunstâncias nas quais percebemos que somos animados por alguma coisa maior que nós mesmos: "Há um eu maior que eu mesmo". E, olhando nossa existência à distância, vemos efetivamente que tínhamos decidido fazer esta ou aquela coisa, mas que naquilo havia algo infinitamente mais vasto, infinitamente maior que nos conduzia. É a hora de um despertar do Si no sentido junguiano do termo, passamos então por um certo número de sincronicidades, de coincidências que a razão não explica, mas que são, no entanto, significativas: o que vivo internamente (nos sonhos, por exemplo) parece encontrar eco nos acontecimentos externos.

E descubro o *unus mundus*, a unidade do mundo da matéria e do mundo do espírito, entro na experiência do Si, descubro-me 'guiado', conduzido por um certo número de arquétipos que me ensinam no sentido quase biológico do termo. E isso não acontece sem aterrorizar: aquela liberdade que tinha sido tão difícil de conseguir, aquela autonomia em relação a meus pais, em relação a todas as lembranças de minha primeira infância, aquela autonomia que tive que conseguir sobre a sociedade, eis que novamente ela é questionada, mas não 'pela parte inferior' – pelo meu inconsciente, pelo meu pré-consciente –, mas sim 'pela parte superior' – por uma presença de uma 'outra ordem'.

É aí que é preciso não confundir o transpessoal com o

pré-pessoal. Algumas experiências neste nível podem ser consideradas como 'iniciáticas'. O psiquiatra ou o psicólogo que não estiver habituado a esses estados transpessoais ou transcendentes ficará propenso a interpretá-los a partir das categorias do infraconsciente e portanto classificá-los, etiquetar as coisas e não ver que, através deste questionamento de toda uma vida, uma nova consciência está despertando.

Por exemplo, tenho tudo para ser feliz, estou bem, etc, e, no entanto, alguma coisa está errada, falha, posso então sentir uma espécie de 'depressão iniciática' sem razões aparentes. Todos perguntam o que tenho. Como dizer que se trata de uma outra dimensão batendo à porta?

Vem o medo da *kenose*, vem o medo da destruição daquela liberdade tão preciosa e tão difícil de conquistar.

Mas se formos capazes de dizer sim, de aceitar, de entrar nessa *kenose*, entraremos em uma nova profundidade do Si.

Ainda não acabou... Contudo, uma vez aí, estaremos unidos com o universo, unidos com o Si que mantém todas as coisas unidas.

9. E contudo, ainda há algo que vai mais longe. Penso naquele exemplo que Jean Marchal dava a Sainte-Baume quando queria que nós entendêssemos a diferença que existe entre o Si junguiano, o arquétipo da plenitude, do *pleroma* humano, e o Si vedântico (Atman-Brama): sopramos um balão, se ele ainda se dilatar, em um dado momento ficará cheio; essa plenitude do balão cheio de ar, cheio de espaço, simboliza o *pleroma* do Si junguiano.

Mas, se soprarmos um pouquinho mais, o balão vai estourar, não há senão um único espaço. Seremos então o Atman, o Brama, o Si no sentido vedântico do termo, estaremos então no Aberto, naquele domínio do qual falamos que é sem limites, infinito... Esse infinito não é o indefinido dos estados regressivos e pré-pessoais, mas o próprio infinito.

Isto é somente uma imagem, mas podemos entender o medo que o balão estoure, o medo do Aberto. Aí não existe lei para contê-lo e, então, esvaziamos um pouco o balão, voltamos para os estados de consciência mais comuns onde as 'pregas' do eu podem ser sentidas.

Acontece às vezes que passamos de um degrau da escada para outro um pouco depressa demais e podemos experimentar então uma certa 'esquizoidia'. Conhecemos pessoas que passam de uma vida muito materialista para uma outra vida onde a descoberta espiritual questiona tudo; temos a impressão que os dois planos já não se combinam muito bem.

"O de cima apóia-se no de baixo": esta frase curta de Lao-tsé que parece tão simples não é tão evidente para ser vivida: muitas vezes não andamos com os pés no chão.

Lembramos de um exemplo que nos impressionou muito: um paciente do hospital psiquiátrico de Toulouse às vezes, parava de andar de um lado para o outro. Sentava-se em um banco na frente da parede. De repente assumia uma postura bem ereta, correta e vibrante e depois alguma coisa mudava em seu ser: ele 'ficava radiante', e então começava a falar. Em suas palavras, havia uma repetição dos grandes Upanishad, dos grandes textos do Evangelho, como se, de repente tivesse despertado uma nova consciência, que poderíamos situar nos graus mais altos da escala. Nesses momentos, éramos muitos escutando-o, maravilhados. Ele citava palavras do Evangelho que nunca tinha estudado, que nunca tinha lido, 'aquilo' fluía através dele. Em seguida, de repente, sem que se saiba a razão, começava a chupar o polegar como se passasse de um estado de abertura ao transpessoal a um estado de regressão pré-pessoal.

Daí a importância, no procedimento que é o da psicologia transpessoal, de integrar os diferentes níveis de consciência; o risco neste direcionamento é uma certa 'esquizoidia' (ver M. Hippius) quando os degraus são quebrados, ou quando a escada for cortada em dois. Lembramos igualmente daquela amiga que praticava um certo tipo de meditação. Ela chegava a estados, às vezes, bastante 'transcendentes', mas deixava sua filhinha quase morrer de fome! Em nosso entender isso não é a verdadeira espiritualidade! É uma experiência da transcendência cortada de suas raízes imanentes, concretas e quotidianas. A imagem da árvore é útil, é bom lembrar-se dela, quanto mais alto quisermos galgar para a luz, mais profundas devem ser nossas raízes, mais no chão devemos ter os pés!

A diferença entre um sábio e um psicótico é que o sábio pode estar aberto a estados de consciência não ordinários, mas ao mesmo tempo, pode falar a linguagem ordinária, socializar-se normalmente. Ele pode falar racionalmente, explicar-se, sabendo que suas palavras não querem dizer grande coisa, que são apenas palavras. Mas, enfim, ele pode falar, pode expressar-se, enquanto que o jovem psicótico passava de uma palavra inspirada, transparente, às flatulências de criança de dois ou três anos, fixação ligada a uma fase oral, particularmente dolorosa.

Poderíamos responder a Freud, sobre o exemplo de Romain Rolland citado acima, que Romain Rolland, depois de sua experiência, não se transformou em um bebê. Efetivamente, aquele estado de consciência oceânico, aquele estado de unidade de *pleroma*, não tinha sido alguma coisa que o fizera regredir.

O que nos impressiona nos grandes sábios da humanidade é a capacidade que eles têm de manter simultaneamente o nível de consciência que está 'presente ao Aberto' e ao mesmo tempo a capacidade de falar em níveis de consciência muito diferentes. Neste particular, a linguagem das parábolas, das imagens, é muito preciosa, porque se fala então em diferentes níveis e cada um pode entender os símbolos de acordo com sua abertura de consciência.

Voltando a nosso tema; o processo de evolução da psique é ao mesmo tempo passar pela *kenose*, pelo questionamento de uma imagem que se tem de si mesmo, para entrar em um novo *pleroma* e para chegar a um além desta antinomia vazio-plenitude. *Sunyata-pleroma*: realização do Aberto.

O processo *kenose-pleroma* que podemos também chamar de *'eros-thanatos'* (cada qual pode traduzir em sua língua), poderíamos resumi-lo dizendo que o homem se realiza na medida em que supera a si mesmo. Ele cresce na medida em que morre para as imagens que tem de si mesmo; em outras palavras, trata-se de um processo de 'morte e ressurreição'.

Não seria preciso opor 'morte' e 'ressurreição', elas são indissociáveis, é a grande lei da psicoterapia iniciática. Como dizia Goethe: "Morro e me transformo".

Trata-se de passar de um nível de consciência para outro, de morrer para uma certa idéia, para uma certa experiência de si mesmo para renascer para uma outra, totalmente nova, por isto existe o medo da *kenose*, o medo de 'dar o passo', o medo de deixar o conhecido pelo desconhecido, de onde o mecanismo de defesa que consiste em reinterpretar o desconhecido nas categorias do conhecido, do qual Krishnamurti tão bem falou.

Trata-se de permitir que o Desconhecido, que o Aberto, chegue a cada um de nós. Para experimentá-lo precisamos perder, perder as seguranças, os parâmetros (mas, na verdade, o que temos a perder são apenas ilusões), trata-se, como dizia Mestre Eckhart, de uma 'passagem' através do espaço-tempo, passagem através do 'pacote de lembranças' que nos forma, do pacote de fixações que arrastamos penosamente atrás de nós; trata-se de abrir uma passagem, de atravessar tudo isso para entrar no Aberto.

E encontramos aqui a linguagem de Cristo no Evangelho quando diz: "Se o grão de trigo cair na terra não morrerá, ele ficará sozinho. Se morrer, ele trará muitos frutos."

Morrer para viver, morrer para renascer, esta é a lei ontogenética fundamental.

E tanto faz que seja com Mateus, Lucas, João ou Tomás, Jesus volta a isso com insistência: aquele que perder sua alma (sua psique) a encontrará, mas aquele que a guardar irá perdê-la.

Esta lei ontogenética fundamental pode ser verificada no psicológico. Podemos verificá-la também com os negócios: aquele que se curva demais sobre seu dinheiro, que não assume riscos, nunca poderá fazê-lo frutificar. Os biólogos dirão também que as espécies que correram os maiores riscos são as que conseguiram os maiores sucessos e aquelas que não correram nenhum risco estão mais ou menos fossilizadas. Todos nós podemos nos fossilizar no processo de nosso desenvolvimento, neste ou naquele estágio. Podemos parar em um determinado tipo de *pleroma*, buscar a plenitude através de determinadas formas de dissolução, que nos livram momentaneamente do sentimento de dualidade, pensando que nisto está a plenitude. Aquele que for capaz de suportar o medo da *kenose* avança para o Aberto.

Poderíamos tomar todas as palavras de Jesus como um convite para mergulhar no Aberto.

Não é por acaso, o que acontece com o artista quando em sua tela ou página em branco ele não vislumbra mais nada para ser pintado ou escrito? Ele chega então à Palavra nua, ao Silêncio dilatado, ao invisível Um.

Não é o que vive o cientista quando 'a coisa', 'o objeto', lhe escapa e ele sabe que todos os cálculos estão 'mentindo'? Sem dúvida, então, pedirá socorro aos números ou aos símbolos, mas é ainda para se assegurar, não é? Ele chega então 'à objetividade nua' (ela deixa ver o sujeito que a observa!).

Não é o que acontece ao crente quando todas as suas

crenças, todas as suas representações da verdade ou de Deus, estão perdidas? Ele atinge então a 'obscuridade iluminada' da fé nua.

Não é o que acontece, às vezes, aos filósofos quando param de se opor às razões de outras razões e abandonam o jogo infantil das coerências? Eles atingem então o Sentido nu, o 'sem razão', do qual Silesius falava.

Não é o que acontece com os psicólogos quando, parando mais nas *personae* (no sentido junguiano do termo), nas imagens, nos nós das lembranças e dos complexos que constituem as individualidades, eles encontram um abismo que se liga a seu abismo? Eles atingem então o Ser nu, identidade derradeira e no entanto não identificável...

É assim que a apreensão de todas as coisas em sua nudez, quaisquer que sejam nossas competências, nossos campos de investigação, nos mantém próximos do Aberto.

Esta apreensão do Aberto, através de nossos momentos de *Pleroma* e de *Kenosis*, nos descerra o Sentido oculto da evolução (não somente 'horizontal', espaço-temporal, mas também 'vertical'). Não se trata apenas 'de ir em frente', voltado para o futuro, mas de mergulhar nas profundezas, transpor o abismo, enlaçar finalmente a luz que nos espera: a estrela da manhã.

Estrela da manhã: consciência nua daquele que era – daquele que É... O mesmo, ontem, hoje, sempre.

Quando 'Isso' acontece conosco, recebe o nome de 'Aquele que chega', 'Aquilo que chega' e que tem um sabor de fonte sempre nova e sempre presente. O passado, o presente e o futuro do homem circulam entre um alfa e um ômega que imaginaremos cada vez mais inteligivelmente, com transdisciplinaridade, ou seja, com o respeito devido a uma origem e a um fim que podemos alcançar somente onde elas nos escapam.

"Os discípulos perguntavam a Yeshoua:

Diga-nos qual será nosso fim? (qual é nosso futuro?)

O Mestre respondeu:

O que sabeis do começo para que procureis assim o fim?

Onde estiver o começo, também estará o fim."[3]

O Futuro está onde se começa.

---

[3] Jean-Yves Leloup, em *Évangile de Thomas*, Logion 18, Albin Michel, 1994.

Homo sui transcendentalis

MICHEL CAMUS

> "É preciso que eu mesmo seja Sol.
> É preciso que eu pinte com meus raios
> o mar incolor da Deidade absoluta."
>
> Pierre Bettencourt, *La Terre de Feu*

O homem do futuro é análogo ao 'Visitante que nunca chega' do *Vishnu Purana.* "Porque o visitante que nunca chega, observa Roger Munier, pode e deve ser esperado em tudo. Ele é real apenas nessa espera, mas então ele é real: nela, por assim dizer, ele chega. Ele é o sentido que se opõe, a esperança ou a visão que se oferecem, da mesma forma que se dissimulam, a serenidade, em uma palavra, da espera que é somente espera, mas que se ilumina como espera. O Visitante que nunca chega, ele conclui, é a própria trama de nossos dias." Além disso, ele deve estar morto para si mesmo para responder afirmativamente à pergunta de Adonis: "Oh tu, viajante, sabes a senha para entrar em ti mesmo?"

O homem do futuro é um arquétipo transcendentalmente excepcional que já se encarnou no transcorrer da evolução da ontogênese humana. Espera-se que ele volte a se encarnar mais luminosamente que nunca. A visão de Edmund Husserl no século XX, por exemplo, torna a fechar o círculo da visão de Mestre Eckhart dos séculos XIII-XIV. Cada um deles distingue o homem exterior natural do homem interior transcendental que, tanto um como outro, pertencem a níveis de realidade absolutamente diferentes.

Existem muitas visões singulares possíveis do tema do 'Homem interior do futuro' variando de acordo com a experiência de autoconhecimento e de visão de cada pesquisador. Pessoalmente, vejo 'o homem do futuro' em cinco visionários dentre os mais avançados do século XX. O primeiro é Edmund Husserl, fundador da fenomenologia transcendental da consciência. O segundo é Gurdjieff, cujo ensinamento iniciático abriu um novo caminho de trabalho, denominado 'quarto caminho'. O terceiro é Raymond Abellio, autor do *Manifeste de la nouvelle gnose* (Manifesto da Nova Gnose), cuja obra de fenomenologia genética *La Structure absolue* (A Estrutura Absoluta) é um prolongamento da obra de Husserl. O quarto é o poeta Jean Carteret, de quem Abellio, em seu ensaio *La Fin de l'ésotérisme* (O Fim do Esoterismo) dizia que "terá sido na França, antes mesmo de meados do século, um pioneiro extraordinariamente indutor em todos os domínios da visão poética da nova gnose". Aos olhos de Abellio, Carteret já tinha realmente entrado na era da nova gnose. "Nesse aspecto, a obra de Carteret, dizia, aparecerá não somente como a de um pioneiro inspirado, mas como um incomparável suporte para a meditação e a ascensão espiritual." Basarab Nicolescu não deixaria certamente de confirmar este julgamento, ele que leu a obra póstuma de Jean Carteret intitulada *Lorsque l'homme sera né* (Quando o Homem Nascer) enquanto redigia seu manifesto, *La Transdisciplinarité* (O Manifesto da Transdisciplinaridade). Ele prefigura o autoconhecimento do *homo sui transcendentalis* que, dizia, "está nascendo": precisamos ver nele o germe do 'homem do futuro'. Estou intimamente convencido que estes quatro visionários (Husserl,

Gurdjieff, Abellio, Carteret) teriam dado sua adesão, sem reservas, ao manifesto de Basarab Nicolescu. Em seu *Manifeste de la nouvelle Gnose*, Abellio cita vários pesquisadores do CIRET, principalmente Costa de Beauregard, Gilbert Durand, Basarab Nicolescu e Xavier Sallentin. Tendo estado ligado, por uma amizade filosófica e uma pura e simples amizade, a Abellio durante vinte e cinco anos, estou convencido que ele teria dedicado, em seu *Manifeste de la nouvelle Gnose,* um capítulo inteiro ao *Manifesto da Transdisciplinaridade* de Basarab Nicolescu se tivesse podido conhecê-lo, se este tivesse sido publicado uns dez anos mais cedo.

Vejamos rapidamente em que a obra destes cinco visionários (incluindo Basarab Nicolescu) prefigura atualmente o germe luminoso do 'homem do futuro'.

"Carteret é o homem tal como este será em seiscentos anos", dizia Abellio, acrescentando posteriormente: "Seis, este número aparece aqui como símbolo para marcar o encerramento do tempo e a entrada da vida em seu primeiro reino, a passagem derradeira não somente da opacidade para a transparência mas para ao que ele mesmo denominava o brilho, o do corpo glorioso. Fico feliz que nossa última conversa estivesse voltada para aquela deidade absoluta cuja visão vivida ele conseguiu no fim, encontrando assim, como o grande Mestre Eckhart, a memória intemporal do homem, além mesmo de Deus.

Aos olhos de Jean Carteret, "a Deidade Absoluta não é Deus; ela é, ao mesmo tempo, ser e não-ser", o vazio absoluto e a plenitude do vazio; "ela é o sem-nome, o indizível, o inconhecível"; ela é a fonte e o lugar infinito do amor que contém a morte. A morte, dizia, é a passagem do relativo ao absoluto. Estando morto para si mesmo, ele transitava, segundo suas próprias palavras, "com liberdade no absoluto". Era um liberto-vivo que, absolutamente desligado do corpo e da alma de seu sangue, identificava-se com a centelha impessoal de um 'corpo de luz' que chamava de 'corpo glorioso'. Ele tinha passado da obscuridade do mundo para sua transparência e, em última instância, de sua transparência a seu infinito 'brilho'. Ele já não habitava a vida, mas sim a morte. Ele estava sempre na terra e, ao mesmo tempo, já estava no sol dos mortos. Como se o homem fosse, ao mesmo tempo, finito em seu corpo da plenitude e infinito em seu corpo do vazio. Como se o estado do homem, após sua morte, fosse um estado de consciência sem o homem. Como se a consciência, tendo perdido seu 'eu', bastasse a si mesma, na positividade absoluta de seu próprio nada. Como a Noiva do Cântico, seu coração tinha ficado insondável, sua alma insensível, seu espírito sem forma e sua natureza sem ser. Ele fazia a apologia de seu próprio nada. Ele não era mais nada e nem ninguém. Ele chamava de corpo glorioso a positividade oculta desse nada nem ninguém. "Já não estou na existência, dizia, ainda estou com ela."

Em um texto intitulado *De la naissance au naître et du mourir à la mort* (Do nascimento ao nascer e do morrer à morte) publicado no momento de seu desaparecimento, ele dizia o seguinte: "O que me interessa, não é ter sucesso na vida, é tê-lo na morte. Este sentido da conquista da morte é revolucionário e específico do Ocidente. (...) A humanidade chegou a um ponto sem volta. (...) A desordem começou. Agora é a um confronto incondicional com a morte que estamos destinados. (...) Agora precisamos atravessar o pior para chegar ao melhor. E o novo Guardião do Umbral é o guardião do melhor com a face do pior. (...) A Morte não nos conduz ao lugar de nossa origem pelo mesmo caminho: Os Reis Magos voltaram a seu país *por um outro caminho*. O pós-morte não nos devolve ao antes do nascer, pois na Morte nós somos 'mais' e 'melhores' *ricos* de toda nossa Viagem." Seu ensaio póstumo, *Lorsque l'homme sera né* (Quando o homem nascer), anuncia o homem do futuro. Visão próxima da de Adonis aos olhos de quem "a vida e a morte são amigas que brincam com dados". "Quando serás minha amiga?" pergunta à vida que responde: "Quando fores amiga da morte."

Ao contrário do químico que trabalha, o alquimista se trabalha. Jean Carteret não trabalhava. Ele se trabalhava internamente para tornar-se bom condutor da poesia do mundo. Ele era "o homem mais dilacerado do mundo" – definição que ele mesmo dava do poeta metafísico. Segundo ele, em seu livro de 1978, *Des dialogues et du verbe* (Dos Diálogos e da Palavra), "os jovens já não querem aceitar o mundo que lhes legaram". Segundo ele, a obra de Abellio, incitando-os a "descobrir e forjar um mundo novo", os despertará "para novos testemunhos, para novas aspirações, para novas buscas, para novas criações".

Depois de ter fundado em 1953 com alguns amigos o CEM (Círculo de Estudos Metafísicos), Raymond Abellio lhes divulgava periodicamente fascículos intitulados 'Dialética da iniciação – Ensaio de aplicação dos métodos da fenomenologia genética para a reconstituição da gnose'. Inspirando-se na fenomenologia transcendental de Husserl, ele abriu um caminho especificamente ocidental do conhecimento, um caminho experimental não dogmático, transformando a visão empírica dita 'banal', 'ingênua' ou 'natural' em visão transcendental. Essa metafísica experimental ou operante da consciência não tem nada a ver com a filosofia especulativa e conceitual. Essa ascese de autotransformação para o autoconhecimento através da emergência do 'Eu' transcendental ou do Testemunho autotranscendente, é geradora do *terceiro nascimento* do homem. A *épochè* ou a 'redução fenomenológica' é sua chave operatória, uma espécie de experiência suicida pelo fogo que demanda uma grande paciência, é o ato de sacrifício mais absoluto que existe. Husserl chama de *purificação transcendental* este trabalho interno de distanciamento, de desapego e de desidentificação. Como observa Georges Bataille: "Quem não morrer de ser somente um homem será sempre somente um homem". Em outras palavras, o desnudamento da consciência absoluta é uma entrega à morte da consciência ingênua do si e do mundo.

Como se livrar de si mesmo? se perguntava Gherasim Luca em seu poema *Le Verbe* (A Palavra). O homem interior do futuro estará livre do homem exterior do qual ele será desligado. Internamente, não será a favor nem contra sua exterioridade, será impessoal com ela. Em seu sentido mais 'avançado' e mais 'esclarecido', *o homem interior* do futuro será necessariamente autotranscendente depois de anular seu egoísmo. Abrindo-se para o abismo ou para o fundo sem fundo de sua interioridade, a morte de sua identidade psicológica coincidirá com o nascimento de sua identidade infinita obrigatoriamente desconhecível. O reconhecimento de sua falta de saber será o sinal de sua luminosa ignorância da *vacuidade sem forma* obscuramente pressentida na origem de seu olhar interior. O homem exterior identifica-se com seu nome. O homem transcendental não se identifica com nada. "Manter-me sem fraquejar através dos sentimentos variados, em um nível de atividade de extrema intensidade, para não identificar-me com nada", dizia Gurdjieff. O homem do futuro, internamente, *sem nome*, será um místico irregular, livre de qualquer obediência religiosa, como o poeta árabe Adonis ou o poeta argentino Roberto Juarroz.

Por causa de suas cinco conferências sobre o ensinamento de Gurdjieff chamadas *L'Homme et son évolution possible* (O Homem e Sua Evolução Possível), publicadas depois de seu desaparecimento em 1947, o filósofo russo Ouspensky pode ser considerado como o profeta do homem do futuro. Os homens ordinários estão classificados em três categorias: "*O homem n° 1* é o homem no qual o centro instintivo ou o centro motor prevalecem sobre os centros intelectual e emocional – em outras palavras, chamado *homem físico*. (...) *O homem n° 2* é o homem no qual o centro emocional prevalece sobre os centros intelectual, motor e instintivo – em outras palavras, chamado *homem emocional*. (...) *O homem n° 3* é o homem no qual o centro intelectual prevalece sobre os centros emocional, motor e instintivo – em outras palavras, chamado *homem intelectual*."

Os homens das categorias superiores são autogerados por sua evolução de consciência e sua realização interior; *o homem n° 4* tendo adquirido um 'centro de gravidade permanente'; *o homem n° 5* tendo conseguido o acesso ao 'centro emocional superior' e tendo adquirido 'a unidade e a consciência de si'; *o homem n° 6* tendo conseguido o acesso ao 'centro intelectual superior' e tendo adquirido a 'consciência objetiva' e 'muitas faculdades e poderes novos além do entendimento do homem ordinário'; *o homem n° 7* tendo adquirido, como Mestre Eckhart, como Gurdjieff ou como Husserl, um *Eu permanente* e autotranscendente, portanto não-humano, em outras palavras, um 'Eu' transcendental imortal. Isso quer dizer que *o homem n° 7* do futuro será criador de trabalhos de despertar para os homens ordinários abertos, mas trabalhos obrigatoriamente herméticos para os homens ordinários fechados em si mesmos ou surdos e cegos e incapazes de fazer de cada átomo do tempo um átomo de eternidade.

Como diz Aurobindo: "Se o mental do homem for capaz de abrir-se para o que o supere, então não existirá motivo para que o próprio homem não chegue ao Supramental e à super humanidade". A evolução da consciência 'supramental' à luz do 'Superconsciente' (disse Sri Aurobindo) anuncia, dentro da ontogênese, o processo de desenvolvimento evolutivo da filogênese. Basarab Nicolescu dá o nome de *transhumanismo* à "nova forma de humanismo que oferece a cada ser humano a capacidade maximal de desenvolvimento cultural e espiritual". Esta visão projetiva precisa de uma revolução interna produzida por um novo tipo de educação que repouse, segundo o *Relatório Delors*, sobre quatro pilares: "aprender a conhecer, aprender a fazer, aprender a viver em conjunto e aprender a ser". Se Jacques Delors fosse mais visionário, teria imaginado sete pilares, sendo os três ausentes os mais essenciais aos olhos de Abellio: aprender a criar, aprender a amar e aprender a morrer.

A humanidade não passará de um estado de consciência 'natural' para um estado de consciência 'transcendental' – que é perpetuamente consciência da consciência – sem atravessar o pior para alcançar o melhor. "Tudo acontece, diz o monge Luis Carranza em *Les Yeux d'Ézéchiel sont ouverts* (Os Olhos de Ezequiel estão abertos), como se fosse preciso haver cada vez mais vazio no mundo, cada vez mais mortes, para que a perfeição caminhe." Em seu ensaio profético de 1954, *Assomption de l'Europe* (Assunção da Europa), Abellio coloca em jogo a dualidade evolutiva da consciência e da entropia colocando as bases de um novo profetismo prevendo "o acesso do Ocidente à ciência e à consciência absolutas". Aos olhos de Abellio, "Mestre Eckhart é o maior profeta do Ocidente atual". É evidente que a evolução das consciências negentrópicas é, para a involução das consciências entrópicas, aquilo que a intensidade qualitativa dos escolhidos é para a amplidão quantitativa dos condenados, cuja dramaturgia íntima Pierre Bettencourt evoca em *La Terre de Feu*. Em troca, segundo ele, "o sábio tem somente um meio de preservar-se, vivendo afastado, fora da sociedade, fora do tempo".

Assim como 'o estudo da Cabala sustenta o mundo', a consciência intensificadora da consciência aberta para o 'Eu' transcendental de um Desperto como Husserl contrabalança sozinha a inconsciência natural de um bilhão de adormecidos. Esta é uma das leis secretas do Equilíbrio da

Balança do *Zohar*. Podemos ver a mesma relação nos dois axiomas de Adonis que dizem "A luz se manifesta quando despertada" enquanto "A obscuridade se manifesta quando adormecida". Os Despertos de ontem, de hoje e de amanhã estão secretamente ligados ao não-tempo e constituem, por sua essência comum, uma *sacerdotisa invisível*: invisível aos olhos cegos dos adormecidos. Seria o mesmo se disséssemos que o homem interior do futuro é um Sacerdote em potencial. Aos olhos do *homo sui transcendentalis*, a morte é a última riqueza da vida. Nela a intensidade unificadora de sua consciência da consciência é tal que sua carne e a alma de seu sangue (da qual está desligada mas que se beneficia com sua presença luminosa) escapam a qualquer patologia mental ou afetiva, a qualquer tendência depressiva ou suicida.

Na visão de Basarab Nicolescu, o 'sagrado' concebido pelo *silêncio* interno gerador do poder de transfiguração é, "como experiência, a fonte de uma *atitude transreligiosa*" na extremidade mais refinada do transcultural. Trata-se de uma visão, ao mesmo tempo, mística e gnóstica completamente autônoma, portanto livre de qualquer obediência religiosa. "Essa presença do sagrado, ressalta, é, de fato, nossa transpresença no mundo." Por seu poder de despertar para a visão transcendental do Terceiro secretamente incluído nos 'contraditórios mutuamente exclusivos', seu *Manifesto da Transdisciplinaridade* assim como seus *Théorèmes poétiques* (Teoremas Poéticos) constituem, de uma forma visivelmente necessária, o Evangelho do 'homem do futuro' que ficará livre do pensamento binário mortífero. No século XX, o físico (A) e o metafísico (não-A) formam um par de 'contraditórios mutuamente exclusivos'. Homem do século XXI, aberto ao não-tempo, Basarab Nicolescu, através da presença do Testemunho autotranscendente nele, em outras palavras, através de sua identificação transcendental com o Terceiro incluído, é, ao mesmo tempo, A e não-A, físico e metafísico, cientista e poeta. Em suma, é um *mutante* habitado pela Evidência absoluta da essência silenciosa acima das palavras e dos pensamentos. A era transdisciplinar que ele esboça com pinceladas de raios luminosamente ofuscantes será a do 'homem do futuro' preenchida, como o mundo transfigurado, "pelo silêncio da palavra poética" (V, 52). A seus olhos, toda ciência somente estará *viva* se estiver ligada à Alta Ciência alquímica da consciência aberta para a identidade infinita do 'Eu' transcendental. Ou seja, o 'homem do futuro' estará infinitamente aberto como a alma sem ego do poeta livre de si mesmo em quem Jean Carteret vê "o homem mais dilacerado do mundo". O homem do futuro apenas será um mutante pela conversão de sua consciência natural em consciência transcendental.

Segundo Husserl, o cerne da consciência é uma estrutura *noética-noemática*. Na parte interna, acima do cerne da consciência, o influxo noético (a intuição, por exemplo) jorra da fonte doadora original. Poderíamos dizer poeticamente que a *noese*, em um outro nível de realidade fora do nível humano do *noema*, pertence ao espaço puramente interno, ao espaço metafísico da visão transcendental, da visão da visão ou ainda, diria Kierkegaard, da interioridade da interioridade. Na parte do cerne voltada para fora, o influxo noemático é quase o prolongamento do influxo noético através da consciência; é o olhar da consciência, é a intenção da consciência para a imagem do objeto que ela vê e que ela se vê vendo quando, fazendo instantaneamente uma volta sobre si mesma, ela fica ao mesmo tempo consciente de si mesma. Quer dizer que o despertar da consciência *noemática* significa que ela está *in vivo* consciente de sua essência *noética* e, exatamente por isso, da Presença transcendental de sua própria fonte. Essa estrutura *noético-noemática* é imanente à consciência, ela é a própria vida da consciência que toma consciência de si mesma. Um certo grau de consciência é necessário para 'ver' que a imagem do objeto não é propriedade do objeto, mas que ela é, na verdade, imanente à própria consciência. E isso, mesmo que o enigma do objeto em si seja transcendental, ou seja transcendente à própria consciência, pois o enigma escapa de seu conhecimento ou, o que vem a ser o mesmo, pois o enigma derradeiro do objeto resiste absolutamente a qualquer conhecimento racional, sendo, digamos, *fora da linguagem.* Podemos designar por X' o Objeto transcendental. É preciso 'ver' também *in vivo* que sua transcendência é imanente à própria consciência. Isso não é demonstrável, mas pode ser vivido intimamente em uma evidência convincente que somente pode ser enunciada de maneira axiomática. Ainda que o matemático Husserl introduza um extremo rigor no centro de sua visão da fenomenologia transcendental da consciência, ele nada pode provar, ele é testemunha da vivência de sua 'experiência transcendental', para usar seus próprios termos – René Daumal teria dito: a vivência de sua 'metafísica experimental'. A filosofia da vivência é e não é provada como costuma acontecer com toda filosofia do conceito.

Quando o olhar *noemático* da consciência desloca-se do objeto em direção à sua própria fonte *noética*, questionando-se por exemplo a respeito da intuição, que sempre lhe é dada como por milagre (*dada*, nunca escolhida) – como 'por milagre', pois a consciência é o centro da cruz de dois níveis de realidade, um físico (horizontal), o outro metafísico (vertical) –, este olhar se vê, ao mesmo tempo, próximo e distante de sua fonte infinitamente próxima, infinitamente distante. Sua fonte interna (X ou o Sujeito transcendental, segundo Husserl) lhe é, ao mesmo tempo, imanente (pois o influxo *noético* corre da fonte) e transcendente nesta própria imanência, pois ela também resiste absolutamente a todo conhecimento racional.

Tendo designado por X o enigma do Sujeito transcendental e X' o enigma do Objeto transcendental e tendo visto que ambos (X e X') são imanentes ao núcleo ou à essência da consciência (como o olhar é imanente ao olhar do olhar que o transcende), ainda é dado à consciência desperta-para-a-própria-essência o poder de 'ver' que os dois pólos Objeto-Sujeito são um único e mesmo enigma, uma única e mesma identidade infinita, sem forma e sem nome. O que é verdade é que podemos *falar* de uma dupla transcendência necessariamente imanente ao núcleo central ou à essência da consciência, "o inquebrável núcleo de noite" dizia André Breton, mas igualmente o inquebrável núcleo de luz. X está para X' assim como *Ayin Soph* está para *Malkouth* na Árvore da Vida. Como poeticamente dizia Charles Duits: "Dentro de uma perspectiva de unidade, o homem é uma folha da árvore Divindade". Mas a própria palavra 'Divindade' deve ser cancelada, esquecida, abolida para que seu enigma infinito possa ser um pouco sentido no olho do coração, no olho vertical da consciência, ou percebido (diria Husserl) pela consciência transcendental, que é de natureza diferente da consciência de vigília ordinária. A expressão de Husserl 'consciência transcendental' subentende que a transcendência seja imanente à consciência desperta que podemos denominar sobrenatural em relação à consciência natural ou ingênua. O infinito interno do 'Nós' é a base da intersubjetividade transcendental dos seres e das coisas. No fundo, para nós, humanos mergulhados no centro de uma infinidade de infinidades de enigmas, tudo-absolutamente-tudo é transcendente em relação à intenção noemática de nossa consciência e, ao mesmo tempo, tudo-absolutamente-tudo é imanente à sua essência noética. A transcendência imanente, não é nem um sujeito nem um objeto de consciência, é a vida enigmática da consciência transcendental consciente de si mesma em diversos graus. Todo nível de realidade, sendo imanente e transcendente ao nível de consciência que lhe corresponde ou que responde (é respondível) por ele – daí a responsabilidade visionária da consciência –, podemos nos arriscar a dizer que somente poderá existir uma infinidade de níveis de realidade se houver uma infinidade de níveis de consciência. Ou ainda, que a Consciência infinita é a única Realidade infinita...*para nós* que somos somente, no momento, enigmáticas faiscas da Fonte Absoluta.

Citemos, para encerrar, três teoremas poéticos proféticos de Basarab Nicolescu:

A futura sociedade transdisciplinar será necessariamente uma sociedade do Terceiro incluído. (V, 17)

A diferença entre Ocidente e Oriente é de uma outra era. Na era transdisciplinar, nada existiria além da Aurora nascente. (V, 42)

Quem observava o universo antes da invenção do homem? O homem do futuro. (IX, 143)

Referências

Raymond Abellio, *Manifeste de la nouvelle Gnose*, Gallimard, 1989; *La Structure absolue*, Gallimard, 1988; *Assomption de l'Europe*, Flammarion, 1978; *Les Yeux d'Ézéchiel sont ouverts*, Gallimard, 1978; *La Fin de l'ésotérisme*, Flammarion, 1973.

Pierre Bettencourt, *La Terre de Feu*, Lettres vives, 1990.

Jean Carteret, *Lorsque l'homme sera né*, Accarias/L'Originel, 1984; *Des dialogues et du verbe*, Accarias/L'Originel, 1981; "De la naissance au naître et du mourir à la mort", *Cahiers obliques*, n° 2, 1980.

Basarab Nicolescu, *La Transdisciplinarité, manifeste*, éditions du Rocher, 1996 (*O Manifesto da Transdisciplinaridade*, Ed. TRIOM, 1999); *Théorèmes poétiques*, éditions du Rocher, 1994.

Pietr Demianovitch Ouspensky, *L'Homme et son évolution possible*, Accarias/L'Originel, 1999.

Rumo ao homem perfeito*

ADONIS

Quando escuto a palavra 'fronteiras' e, principalmente, quando vejo aquelas fronteiras com arame farpado, o medo me invade por todos os lados.

Em um primeiro passo para apagar as fronteiras entre mim e minha cópia dentro de mim mesmo, comecei a ver a palavra 'fronteiras' não como muros e fim, mas ao contrário, como janelas e início de um outro caminho, de um outro conhecimento, de uma outra busca e de uma outra dependência. Foi assim que surgiu, pouco a pouco em mim, do outro lado das fronteiras, um lado na frente do eu que é o outro. Este outro tornou-se, com o tempo, do outro lado das fronteiras, não um sinal de divisão ou de oposição ou de contradição, mas, ao contrário um sinal de afetividade, de complementaridade e de unidade.

Este sentimento desenvolveu-se num passo posterior graças à leitura da poesia árabe. Os poetas árabes antigos, não vendo a pátria como geografia, insistiam principalmente na dimensão humana: "A pátria, dizia Al-Moutanabbi ('aquele que profetiza'), é o lugar que produz a dignidade". Em nossa linguagem moderna, a pátria é o lugar onde o homem pode viver com liberdade e dignidade. Se acrescentarmos a esta palavra, uma outra de Ali, o quarto califa,

* Traduzido do árabe por Michel Camus e pelo autor.

que dizia: "Não existe país que tenha mais direitos sobre ti que um outro e o melhor país é aquele que te carrega", vemos que a questão essencial a respeito da dependência não se localiza nas fronteiras geográficas, mas nos valores humanos. A verdadeira pátria do ser humano não é um lugar. O homem é que é a pátria do homem.

Sabemos todos que as características da cultura hoje estão mudadas. Uma mudança acelerada por todas as mídias, incluindo a Internet. Assim tornaram-se mais complexas as relações entre a tradição e a criação, entre a identidade e a troca, entre o eu e o outro. O mundo no qual vivemos e que queremos mudar para que o homem do futuro se manifeste, é um mundo composto de países diferentes, ou seja, de identidades e de culturas diferentes. Por isso trabalhar pelo homem do futuro é enfrentar muitos entraves e dificuldades. É difícil definir uma cultura com alcance universal ou definir um ideal universal transcultural em um mundo que é sempre um mundo de pátrias nas quais cada uma se agarra à sua cultura e à sua identidade singulares. É, portanto, muito difícil também definir o homem do futuro, visto que cada uma dessas pátrias não cessa de redescobrir seus próprios mitos, seus símbolos, sua memória e sua idade de ouro. Cada uma delas não cessa de temer o desaparecimento de sua cultura particular, ainda mais que esses paises estão assustados com a tendência econômica mundial e com a concepção reinante da globalização. Realmente, esta globalização transparece na prática como se ameaçasse apagar suas culturas.

É aí que devemos colocar uma questão: será que a técnica ou a globalização econômica representam um projeto de emancipação humana para que o homem do futuro se concretize ou não seriam elas, ao contrário, apenas um projeto para transformar o universo em uma única aldeia e um único mercado?

Portanto, existem aí dois paradoxos: o primeiro é a possibilidade de destruir a universalidade do homem em nome de uma falsa universalidade: a do mercado. O segundo é que qualquer país somente poderá instituir seu ser singular sobre sua cultura singular. A independência da identidade cultural e sua distinção são os fatores que permitem que esse país exista, interaja com os outros e entre para o tecido universal da pluralidade e da diversidade. Um país que não seja único em sua identidade não poderá diversificar-se, pluralizar-se e aliar-se a outros países.

Já não é possível manter a identidade pelos meios da opressão, da tirania e do isolamento como vemos em muitos países, mas, por outro lado, o desaparecimento das identidades culturais pela força da globalização corre o risco de levar à desertização do universo pela hegemonia do pensamento único. Existe aí uma opressão e uma tirania no contexto mundial assim como uma ameaça de transformar o mundo em prisão.

Então somente poderemos caminhar em direção a uma outra cultura a partir de uma cultura própria e é isso que a língua encarna objetivamente. A cada um sua língua! Cada homem possui sua língua, que não podemos desprezar nem eliminar. A característica da língua é ser ístmica: ela une separando. Ela separa por causa de sua forma e de sua vocalização, mas unifica através de suas idéias, pelos horizontes que abre e pelas relações que estabelece. Ela é a guardiã da relação humana entre a identidade e a alteralidade. Mas como ístmo, ela somente será perfeita se caminhar em direção a uma outra. Ela é essencialmente, portanto, um ser nômade. Em seu nomadismo, suas criações são igualmente nômades. Assim a língua transborda suas fronteiras nacionais da mesma maneira que a identidade, ela também, transborda suas fronteiras étnicas e culturais. Em outras palavras a língua e a identidade estão abertas indefinidamente para outras línguas e outras identidades.

A identidade cultural é uma identidade nômade, caso contrário seria apenas um primitivismo cego. Por isso a criação não é uma pátria exclusiva que anula sua dependência quanto a outras pátrias. Não existe então um país que tenha mais direitos sobre o pensamento de um homem do que um outro. A criação não liberta somente o espírito, mas também o corpo. A pátria existe apenas para a ignorância; ou então, diríamos como Lamartine: "Só o egoismo e o ódio têm uma pátria: a fraternidade não".

Trans: este prefixo é hoje a seiva que dá vida à cultura e ao homem. Este prefixo não elimina nada do que deixa para trás, mas ele move o que deixa para trás, orientando-o para um outro contexto e dando-lhe uma outra existência e um outro sentido. A cultura que emana disso não pode ser uma cultura que elimine as outras porque ela é, por definição, o contrário da globalização em sua imagem de mercado. Toda cultura que tiver tendência a eliminar as outras não será humana. O homem que se apresenta sem raízes não poderá certamente trabalhar por um futuro humano porque, sendo um caniço ressecado, não poderá ser, como dizia Pascal, um caniço pensante.

Ele é, no imaginário árabe, uma terra desconhecida, mesmo no interior da terra conhecida. Como se a cidade fosse dupla: uma visível, outra invisível. A primeira é conhecida, dirigida pela instituição, a outra, desconhecida, dirigida pelo imaginário que os homens encarnam através de seus sonhos, sua imaginação, suas intuições e suas esperanças. Esta cidade está toda habitada. Saem dela e entram nela seres escondidos sob forma de gênios, anjos, mágicos, amorosos, loucos, aventureiros à procura do estranho e do raro. A identidade desta cidade subterrânea não procura suas raízes no passado, mas no futuro. É uma cidade que encarna o movimento de partir para... Nesta partida, o eu não se perde no que encontra, qualquer que seja sua estranheza, mas ao contrário, nele se transforma e se renova.

Existe também na mística árabe uma preocupação permanente dirigida para a idéia do homem perfeito, homem que permanece aberto e abissal como o universo sem fim. Este homem é a síntese do universo com duas faces: visível e invisível.

A cultura transcultural antecipa este homem perfeito e trabalha por sua chegada.

Um ser reconciliado

Olivier Germain-Thomas

A partir do momento em que o homem formula sua condição, ele se vê cheio de temor diante do que constata, a escuridão de sua alma, sem falar do tempo, o único senhor, que dissolve os ossos e a memória. A aceitação tem sido a flor refinada das sabedorias; ela permite que a viagem se torne mais serena, na falta de torná-la mais edílica. O Éden estará reservado para mais tarde. Mas, sempre pareceu que poderia ser diferente e que o sentido da harmonia, o olhar para o outro, a alegria – que igualmente habitam a carcaça humana – poderiam ter levado a melhor, com mais facilidade, pelo fato de o próprio mal-estar, ele também, sujeito à destruição. Teriam podido... Se não houvesse esse germe no homem, que vem, Deus sabe de onde e que o impede de ver. A tentação de vilipendiar tudo não faltou. Ou uma outra: a de deixar para amanhã a solução das intrincadas dificuldades. É uma atitude antiga que não esperou a chegada rápida e violenta, em nosso Ocidente, da idéia do progresso e da constância da evolução das espécies. Foi preciso, uma vez mais, mudar de tom e de mais alto ainda, na proporção das esperanças suscitadas pela ciência ou por uma nova organização social. Nenhuma reflexão sobre o homem do futuro pode esquecer as ruínas ainda fumegantes que os adeptos enlouquecidos pelos obstáculos do real deixaram atrás de si.

Felizmente, a constatação de que essas epifânias devem sempre ser deixadas para mais tarde nunca impediu que o homem trabalhasse sobre si mesmo, como certamente o faz há períodos bem anteriores à chegada das religiões à vocação universal. Mas, por que o que é possível no singular nunca conseguiu envolver a Cidade, ou tão pouco e por tão pouco tempo? O segredo continua escondido em nossa natureza.

Não haverá um homem novo que venha por decreto. Há que se desenvolver potencialidades que estão adormecidas, como permitem os exercícios espirituais de onde quer que venham. Mas como cada época se confronta com males específicos, as lacunas por preencher evoluem. Para onde mandar a flecha?

No domínio do conhecimento, um fascínio extraordinário tomou conta do homem: desmontar os mecanismos. A finalidade? Deixem-nos explorar, veremos mais tarde! Vimos. O conhecimento segmentado – o contrário da filosofia – corta o homem do mundo e, portanto, de si mesmo. A grande aventura de hoje é a reconciliação dos caminhos do conhecimento. Este movimento deve atingir todos os domínios, principalmente o da medicina. O corpo deve ser abordado como um todo, com um passado (individual e coletivo: o dos antepassados), uma psicologia, uma influência espiritual, uma ligação com o cosmo... A medicina *do futuro*, sem desprezar as técnicas atuais, terá grande consideração pelas medicinas tradicionais originárias do xamanismo, da Índia, da China, etc.

Uma nova visão do conhecimento produzirá um novo homem? Coloquemos a questão de outra maneira: o cristão foi um homem novo como a Igreja tão ardentemente desejou? E o homem do Renascimento? E o das Luzes? E o homem comunista? Sabemos a resposta: as mesmas paixões, as mesmas máscaras, os mesmos crimes e, às vezes, o mesmo gênio do amor.

Paremos de sonhar com amanhãs cujo canto se transforma em soluço. A revolução ontológica não existe. Mas vamos apostar que o espírito de abertura vencerá e que, sobre as ruínas das falsas idéias, nos transformaremos finalmente em um ser reconciliado. Isso basta? Aceitar nossas insuficiências já é um grande passo para a sabedoria.

Dúvidas sobre o homem que virá

Jean Biès

Se não nos envolvermos com o ridículo do falso profeta, será impossível dizer exatamente o que será o homem que virá e, menos ainda, o homem do futuro. Podemos apenas afirmar que o berço do primeiro está submerso nos presentes envenenados, nas heranças comprometedoras: a desintegração da matéria e a exaltação dos valores contrários, a diluição da personalidade no grupo e as organizações redutoras, a celebração do abstrato e a cerebralização do absurdo. Algumas contribuições compensadoras, alguns freios de diferentes tipos gostariam de impedir a invariável marcha para abismos que não revelam sua profundidade; mas as soluções revelam sua fragilidade, por não querer se referir à inteligibilidade, vivem como nômades guiando-se pelo que podem ver entre diversos pragmatismos, limitando-se, na maioria das vezes, apenas a improvisações aproximativas. É o que faz com que alguns pensem que, se o futuro for dos mais comprometidos, o homem do futuro não virá. Se ele tiver alguma possibilidade, sua própria ambigüidade proibe qualquer afirmação definitiva a este respeito, autorizando somente perguntas.

E antes de mais nada, vai o século XXI se dar esta alma que o século XX não soube guardar? Nada é mais impalpável que a elaboração de uma alma. Esta se compõe, inextricavelmente de materiais anteriores – de uma qualidade, no presente caso, deficiente –, e de outros inéditos; mas, de uma maneira geral, uma lei facilmente observável quer que todos os sistemas de pensamento que não se enraizam no eterno e no imutável, que dispensam o transcendente, que escolhem a existência contra o ser, não apenas estejam destinados a não durar, mas acabem por secretar um novo obscurantismo. Não existe nenhuma outra forma de *fazer uma alma* a não ser reunindo-se com o transtemporal, além das sequências lineares da história e das sinusóides recorrentes das mitologias e recolhendo a flor refinada das filosofias do Essencial como elas escaparam às influências aleatórias e temporárias, aos desvios humanos que não deixam de desagregar os edifícios do pensamento. Sua garantia de autenticidade é que elas *sempre* foram reconhecidas como verdadeiras: resistentes, sob a pedra de toque dos séculos; *em toda parte*: em todas as sociedades e civilizações do planeta; *por todos*: pela unanimidade dos povos. Estaremos tão longe, no fundo, das leis não escritas de Antígona? Esses penetrantes ensinamentos, tão estranhos às variações e aos limites do humanismo autônomo quanto aos clericalismos intolerantes, nós deveremos procurá-los mais nas sabedorias do que nas religiões, desde que, dentro de um espírito transdisciplinar, eles saibam unir e conciliar o caminho úmido, dualista, emocional, o do coração, que protege de todo ressecamento – a *blakti* do hinduísmo –, e o caminho não dualista, intelectivo, o do espírito, que protege de todo exclusivismo – o *jñâna* –; cada um deles variando de acordo com os temperamentos. Como elementos ditando um modo de vida e de reflexão voltando às antigas épocas, nem por isso invalidadas; mas perduráveis, contrariamente àquilo que debatem para se fazer acreditar, os preconceitos escolares, fanaticamente aplicados desde a escola. Não se trata de uma volta transversal e nostálgica para um certo passado, mas de uma escalada perpendicular, em direção ao *céu dos princípios*, que não é alterado, nem mesmo atingido, por nenhum dos turbilhões e furacões, mesmo filosóficos, que se desencadeiam sob ele.

A linguagem poética procede destas *presenças* arquetípicas, cujos componentes – ritmo, rima, aliteração, imagem, oximoro, etc –, manifestados com tanta força que se possa restabelecer no tempo, trazem todos uma ponta espiritual capaz de ordenar o interior de um homem – principalmente desunido –, de trazer-lhe uma cura infinitésima, como as moxas da acupuntura. Assim, o ritmo reproduz na proliferação silábica a respiração do cosmo; a metáfora elimina a separação entre as categorias naturais, reabrindo com isso caminhos para o estado de indeterminação que é o da Possibilidade universal, onde os reinos e as espécies ainda não estão nitidamente diferenciados. A poesia é, ao mesmo tempo, palavra elevada, palavra profunda, palavra longínqua, unindo sob este triplo aspecto o que o latim designa, para indicar o mar, com um termo único, *altum*. Palavra elevada, pois ela tende para o sublime ou para a nobreza dos sentimentos e dos pensamentos; profunda, porque ela escapa do fútil, da superficialidade; longínqua, porque ela deriva de uma língua insólita, diferente do falar ordinário. Ela devolve o homem às noções de grandeza, de densidade e de mistério; ela sacraliza o mundo, enraiza a linguagem no Verbo.

Mas assim mesmo não é senão à figura primeira da poesia, uma forma de expressão julgada ultrapassada por alguns, que talvez o homem do futuro permanecerá insensível, como muitos de nossos contemporâneos. Mas a poesia não está circunscrita a algumas obras de outrora. O termo emigrou para uma ampliação de seu sentido, parou de fazer da poesia uma simples celebração contida, uma combinação de encantamentos para transbordar, poesia em ação, para a vida inteira, ou se incorporar, identificando-se com experiências vividas, mesmo dolorosas, fazendo-se interpretação de sonhos, recuperação daquele olhar de criança que faz com que se possa ainda, ou novamente, se encantar com um detalhe, se emocionar com uma ternura. O homem do futuro quererá viver como poeta na terra? Conseguirá escapar da influência obsessiva das máquinas de números, especializadas em fazer dele um autômato? Saberá manter uma iniciativa pessoal e criativa, aproximar-se daquela 'transpoesia' tão apreciada por Michel Camus e cuja onipresença introduz na existência instantes privilegiados: êxtases musicais, episódios amorosos, sincronicidades? Precisará estar dotado da afetividade e da intuição obscurecida e esterilizada pela pesada Idade de ferro que, singularmente estranha ao sutil, não deixa às nuances a ocasião de sussurrar.

Uma outra atitude proposta é a de uma relação completa consigo mesmo e com o resto do ser vivo, em uma trama apertada, sem costura, onde o homem, jogado para fora de qualquer exílio, faz parte integrante do todo, tem nele um lugar central.

Antes mesmo de se reconciliar com o outro, de amar seu próximo, o homem do futuro aceitará reconciliar-se, antes de tudo, consigo mesmo, aceitará se amar, não como Narciso idolatrando-se no espelho líquido, mas como aquele que descobre em si mais que ele mesmo? Ele terá, para isso, que juntar em si as notas esparsas, caídas de um instrumento desacordado e colocá-las em harmonia, para se recompor e se reinventar. Ele terá que reconciliar o corpo que tem e o corpo que é, os hemisférios esquerdo e direito do cérebro, o pensar e o sentir, o agir e o abandonar, as partes oriental e ocidental das quais todo homem é feito. Mas terá ele interesse em se questionar, em aprender a se conhecer?

Colocar-se em consonância consigo mesmo é colocar-se em consonância com o outro – e os outros. Diálogo possível a partir do momento em que cada uma das partes reconhece na outra uma miraculosa singularidade e descobre, através dos arquipélagos de semelhanças e de diferenças, o canal que leva a um centro onde um e outro se fundem essencialmente. O homem do futuro discernirá, em meio às selvagerias e às rivalidades, a unicidade humana, o valor de uma relação excepcional entre dois amigos, dois cônjuges, entre mestre e discípulo, onde cada um se apaga diante do outro para deixá-lo chegar completamente a si mesmo – relação que se desabrocha em três planos: *entre* o outro e eu: nossas afinidades concordantes, nossas singularidades mutuamente enriquecedoras; *através* do outro e de mim: as complementaridades e os imponderáveis; *além* do outro e de mim: a essência humana comum aos dois?

Bem mais, cada ser não está somente em correlação com toda a assembléia humana; ele o está também com os elementos constitutivos da natureza que o cerca. O homem do futuro, separado da Mãe cósmica pelas telas da complexidade, que lhe escondem as trilhas do sensível, imaginará encontrar a misteriosa correspondência que liga seus humores, seus suspiros, suas energias aos movimentos de seiva e de água, às respirações das estações, às forças da terra e do fogo trabalhando? Será, no entanto, necessário, se ele não quiser perecer, reintegrar-se ao seio da natureza, redescobrir-se irmão das árvores, primo das fontes, ter a preocupação de protegê-la para proteger a si mesmo e de nela estabelecer-se, pequeno sol imóvel no coração de uma enorme família, herdeiro de uma linhagem inteira que poderia fazê-lo dizer com Fedra ou o xintoísta: "O céu, todo o universo está cheio de meus antepassados".

Esta não-separação pode ser encontrada, ainda mais explicitamente, na ordem da inteligência onde se conjugam as disciplinas literárias e científicas. Pascal, precursor transdisciplinar, tinha distinguido, com sua pertinência ordinária, o espírito de elegância, baseado na intuição, na síntese, na subjetividade do espírito de geometria, baseado na análise e no raciocínio; ele tinha assinalado a raridade de sua coexistência no mesmo indivíduo, ao mesmo tempo que desejava que fosse – como ele era – provido dos dois.

Literário, o homem do futuro se curvará ao 'rigor obstinado' de um Leonardo da Vinci, à justeza da expressão, à precisão do pensamento? Quando Valery compõe 'encantos' sem excluir de seu campo reflexivo a álgebra e o método, quando Goethe, entre *Fausto* e *Wilhelm Meister*, explora a osteologia craniana ou propõe uma teoria das cores, podemos considerar consumados os resgates. Mas o homem do futuro pode igualmente abolir o fato literário, queimar os livros em praça pública em nome da simples oralidade ou reduzir a escrita à do jornalismo informático.

Cientista, este mesmo homem admitiria o lado subjetivo de suas observações, deixaria o pensamento analógico entrar em sua conduta? Professor de matemática, Charles Dodgson desaparece com Alice no país do coelho branco. Astrofísico, Michel Cassé cita o *Veda*, se transforma em poeta lírico do infinito; Basarab Nicolescu vê na poesia "a suprema visão quântica do mundo". À mesa do pesquisador, os sábios não entram em contato somente com os poetas, mas também com os budistas e o vácuo, com os taoístas e a complementaridade dos contrários, e com os pré-socráticos, os teósofos, os herméticos. Contudo, depois desta brincadeira primaveril, o homem do futuro pode muito bem também chamar à Razão todos aqueles escolares aturdidos e obrigá-los a um neocientismo mais sectário que o precedente.

Um outro domínio ainda é o das grandes tradições espirituais da humanidade que, todas, contêm, sob diferentes formas, a noção de Intermediário entre o não-manifesto e o manifesto, o *Avatar* eterno apressando-se de tempos em tempos, com destinos diversos, através dos diferentes níveis de Realidade para a humanidade da qual desposa a natureza sem renunciar à sua transcendência, unindo o Céu e a Terra, abolindo com isso, como todo verdadeiro terceiro incluído, o hiato dualístico. Acima das cláusulas teológicas, das acumulações sedimentares segregadas pelo mental, mas estranhas à revelação original, é possível ter acesso ao coração derradeiro das tradições, é possível reconhecer um esquema comum: a correspondência do macrocosmo com o microcosmo; o duplo procedimento catafático-apofático; a interpretação simbólica dos textos sagrados; a invocação de um Nome divino.

Desde que a enquete dos estudos comparados seja conduzida com o necessário rigor, sem 'projeção' inconsciente nem vontade sentimentalmente ecumenista aparente e evitando todo sincretismo confuso, onde cada tradição somente perde sua especificidade, é fatal que similitudes apareçam como fraternais, que isomorfismos perturbadores apareçam levando à conclusão que, além das diferenças, até mesmo das oposições periféricas, todos os grandes ensinamentos participam dos contornos do Absoluto onde cada um vem completar com seu toque, vem contribuir para esclarecer o obscuro (mesmo que o obscuressa!), para aliviar o peso, para unir o transcendente e o imanente, para infundir o orvalho dos arquétipos nos corpos dos fenômenos, para visitar o visível com o invisível, para fazer o Isso descer no Aquilo, seguindo a misteriosa ação deste terceiro onipresente que não tem outro nome senão Espírito. O homem do futuro aproveitará a ocasião de uma enorme informação reunida pela primeira vez na história da humanidade e, de algum modo, em sua intenção, ou preferirá ignorar, deixando assim escapar a última oportunidade que lhe restou de ter acesso ao tesouro das chaves que abrem e das palavras que salvam?

Quando César abriu estradas cortando a floresta gaulesa, destruiu uma natureza sagrada com o único objetivo de ocupar e controlar melhor a região; mas estes caminhos serão aqueles que os apóstolos tomarão para evangelizar a Gália: o trabalho lhes foi facilitado antecipadamente. A atitude mental que consiste em discernir o bem que podemos extrair do mal, totalmente esvaziado da visão, ao mesmo tempo, primária e dual, da interpretação ocidental, mas familiar a outras sabedorias que se tornaram elas próprias familiares a nós, prestaria muitos serviços a um homem eminentemente destinado a situações de conflito. Será que este se lembrará que entre extremos que não transigem – mesmo quando o excesso destrói finalmente a si mesmo – , toda uma gama de possibilidades relativas aparece e, mesmo no caso de um mal inevitável, existem sempre parcelas positivas, mesmo que se revelem a longo prazo?

Um novo paradigma já se revelou, que não faz senão retomar um dado antigo – a colaboração dos *deva* e dos *asura*, ou do *yang* e do *yin* – parando de opor a ordem e a desordem, de excluir esta última, de *amaldiçoá-la*, para tratá-la em pé de igualdade, escapando assim a uma interpretação determinista do universo. Os contrários mostram menos ainda ângulos agudos, fios cortantes, do que sua adaptabilidade às sinuosidades da outra senha do símbolo. "A partir do perfeito, nada vem", repete o adágio alquímico. A Idade sombria submerge, sua luz involui, ela não a destrói; toda descida na morte é garantia de renascimento.

Mas, descida até onde? Quem pergunta sabe a resposta. Tudo, aqui, depende do olhar colocado sobre as coisas. Uma longa prática desse olhar conclui, de fato, que nada do que acontece mostra, de repente, de uma vez e em desordem, a totalidade de seus aspectos, mas é pouco a pouco que alguns deles se revelam e, com eles, todos os tipos de resultados inesperados, capazes de fazer uma situação se inverter. Outras facetas, outras polaridades surgem, obrigando a reconsiderar uma dada circunstância, em constante evolução. Não existe inclusive a conjuntura intolerável que não contenha um germe de ressurreição, desde que se tenha a coragem de nela ler uma purificação intensa e acelerada, uma experiência iniciática e, no fundo da opacidade, uma oportunidade para renovação, para uma nova criação do eu. A partir de então existem apenas sofrimento, luto, dor, desespero; pode também aparecer aí o oferecimento de uma oportunidade de uma *metanóia* radical.

O homem do futuro pensará em se armar com esse outro olhar ou sucumbirá no marasmo coletivo cuja única saída são as armadilhas da droga, do virtual, da 'função' sensação, da fuga orbital para longe de sua própria realidade? Por hora, o único recurso quotidiano para certos rituais resgatados, capazes de conjurar as tensões, dispersões, agressividades, já dá uma direção: atenção para o que se faz, a respiração consciente, o silêncio psíquico e mental, propõem uma vida 'com um sentido mais elevado'. A suspensão dos atos multiplicadores disfarçados de consequências funestas, a busca de um refúgio sob o olhar da eternidade, em vez da adesão a uma atualidade passageira, da qual nada resta, fazem parte dessa arte que serve para bloquear o desperdício de energia e a autodestruição. O homem do futuro compreenderá, antes da completa destruição de sua personalidade, que essa prega sobre si mesmo oferece a originalidade de ser abertura para o universal?

Confrontado com a programação do caos, o homem do futuro vencerá inicialmente os desmoronamentos crepusculares que o ameaçam, poderá dominar a tecnologia em vez de submeter-se a ela, suspender a queda acelerada da cultura, manter o reinado da escrita diante das incoerentes dissipações da oralidade, reconstituir uma elite, fazendo que o termo deixe de ser reservado, com o risco de passar por reacionário, aos padrões ou finalidades adivinhatórias? Se a resposta for afirmativa, podemos pensar que a *auroral* está a caminho.

Artistas e sábios, sem dúvida, não faltam nem faltarão, iniciadores possíveis de uma volta das tendências, das prioridades. Mas esta volta acontecerá? Terá tempo de acontecer? As 'minorias criativas', mesmo que escapem às perseguições, fecham-se em seus estudos, mantêm-se em um isolamento prudente, deixam muitas vezes a outros, de competência e probidade duvidosas, o cuidado de se erguer contra o inaceitável. Poderemos encontrar, por outro lado, muitos homens aos quais falará a formulação poética ou simbólica, que tomarão a decisão de mudar completamente, de escapar aos mais sutis condicionamentos, enquanto que seus predecessores – nós – já estamos suficientemente distraídos e esquecidos de tudo isso? Parece que o valor essencial, a busca interior é vista como um objeto de luxo, uma distração para pessoas desocupadas e garantidas, ou alguma superstição fugida do rastelo dos deuses mortos. É possível, nesta perspectiva, que o projeto do homem do futuro – daquele homem que já está em nós, porque nós já somos nós mesmos na medida em que o futuro está contido no presente como a luz no enxame de fótons –, que este projeto cochile ainda muito tempo com outros na gaveta das utopias, mesmo que, como observou Berdiaev, alguns deles se realizem, que não sejam os menores.

Formuladas estas reservas, uma Nova Era, muito diferente, na verdade, do *New Age* brotará talvez de um punhado de homens determinados, agindo com seu respectivo carisma e encarregando-se principalmente de conservar e de transmitir os Arquivos fundamentais, *quasi cursores lampada vitai tradunt*[1], como diz Lucrèce, poeta e homem de ciência. O homem do futuro não será o produto de uma geração espontânea. Semelhante projeto inscreve-se na continuidade, ele se molda, ele amadurece. Parece preciso forçar um pouco seu nascimento; por exemplo,

[1] Lucrèce, *De natura rerum,* II: "Como corredores passam a toça da vida."

criando centros de reflexão, institutos de estudos independentes e descentralizados, consagrados ao estudo de autores e de pensamentos talvez perturbadores, mantidos disfarçados, mas transmissores desses valores válidos por toda época e por toda a espécie humana, evocados como novatos; fundados no seio da universidade, ou incentivos de universidades paralelas, despertando 'correntes de força' susceptíveis de influenciar a mentalidade geral, de orientá-la para uma leitura não limitante, mais espiritual, da ecologia, da psicologia, da filosofia e das ciências do ser vivo e de contrabalançar a influência dessa espécie de pensamento único, vagamente totalitário, que não pronuncia corretamente seu nome e pretende se prevalecer da democracia. A que se somaria a fundação de bibliotecas reunindo o melhor das obras consagradas às ciências humanas, mas também sagradas, assinadas pelos mais verdadeiros autores, ao passo que outras seções reuniriam coleções da vanguarda científica, não mecanista, não cientista.

O homem do futuro depende de nós; ele será o que nós fizermos com ele e nós o faremos do que somos. Mas, se ele depende de nós, é do futuro, daquela fortaleza do desconhecido, de que ele é o contemporâneo; um futuro obscurecido pelos temores e ponderado pelas esperanças; um futuro que precisa deste homem para nascer para si mesmo, ter assento, que o imagina e o espera; um futuro guarnecido de apelos.

Arquivos

Noosfera e Cibercosmo

PHILIPPE QUÉAU

É fácil fazer o diagnóstico: o espírito humano hoje está 'atrasado' em relação à globalização que não domina. O espírito está atrasado quanto aos problemas globais que acometem o planeta. Ele está atrasado para dar uma forma concreta a todas as aspirações confusas e latentes dos homens. Ele está atrasado para encarnar, política, social e economicamente a idéia de uma 'justiça social mundial', expressão que continua a significar alguma coisa tangível para todos aqueles que sofrem a iniquidade do mundo. O espírito está atrasado, finalmente, quanto à espiritualização do mundo, ele está atrasado quanto à gênese da necessária 'noosfera' anunciada por Teilhard de Chardin.

É normal: o espírito está sempre atrasado quanto à matéria. Os acontecimentos chegam e o espírito reage com o tempo de pausa. Ele se esforça demasiadamente tarde para lançar sua luz sobre as coisas. Ele apaga o incêndio violento da sorte com sua sabedoria parcimoniosa e lenta para a atenção.

O ser humano 'do futuro' deve inverter esta pretensa 'normalidade' do atraso do espírito. Pois já não podemos nos permitir estar *atrasados*. O ser humano do futuro deve, de agora em diante, estar *adiantado*. Ele deve se transformar em profeta. O espírito deve preceder a marcha do mundo em vários passos; ele deve acompanhar o mundo em sua marcha quotidiana, mas sem nunca renunciar a ultrapassá-lo por uma boa distância, sem nunca renunciar a precedê-lo, a guiá-lo. O espírito deve encarnar a presença dos objetivos, a utopia do sentido.

A globalização do mercado e das tecnologias, a planetarização das questões ambientais deveriam, no bom sentido, estar acompanhadas por uma consciência moral e política à altura do que está em jogo. A humanidade precisa disso para absorver o choque da civilização maior com o qual todos os países do planeta agora se confrontam, direta ou indiretamente. Ora, é precisamente na hora em que teríamos necessidade de quadros filosóficos e éticos capazes de nos ajudar a pensar a globalização, que assistimos à falência dos sistemas ideológicos. A utopia, hoje, consiste em sonhar com a constituição de um quadro intelectual e moral para pensar a globalização e civilizá-la. Trata-se de uma utopia, porque as forças anônimas, invisíveis, do 'progresso técnico' e do 'mercado' tomaram a frente das do 'político' ou do 'filosófico'. Basta constatar que, exatamente no momento em que se deveria preparar a emergência de uma forma de 'jurisdição mundial', assistimos precisamente ao contrário, com a desobrigação dos Estados em relação às ações multilaterais, com o enfraquecimento das organizações do sistema das Nações Unidas.

Temos hoje necessidade de uma utopia capaz de nos dar o prazer de pensar e de agir levando em conta muitos níveis de realidade ao mesmo tempo, às vezes contraditórios. Pensar o global *com* o local, consiste em pensar vários níveis de sentido ao mesmo tempo, exatamente como pensar o mesmo *com* o outro, o próprio *com* o comum. Precisamos de uma cultura 'transdisciplinar' e 'trans-real', utópica e a-tópica, onde a identidade e a alteridade devem se tecer respectivamente uma pela outra. Precisamos de uma cultura onde o eu deve aprisionar o não-eu, onde o cuidado com o que nos é comum deve ser exclusivamente nosso. Precisamos de uma 'cultura mundial', não ligada a um lugar, porque de agora em diante todos os lugares estão ligados. Precisamos também de uma cultura ancorada na realidade, não virtual, não abstrata, mas sim encarnada no mundo, enraizada no olhar do outro.

Chamaremos esta cultura utópica de *cultura cibernética*. A cultura cibernética é, ao mesmo tempo, uma cultura cosmopolita e uma cultura cibercósmica. Uma cultura cosmopolita porque, de agora em diante, se tece uma cidade-mundo, difusa, conectada de ponta a ponta através do planeta, cidade ao mesmo tempo abstrata e concreta, virtual e violenta, globalizada e fazendo parte do gueto. Uma cultura cibercósmica, porque o mundo também faz parte de um macrocosmo, o mundo faz parte de uma virtualidade em transformação, que tratamos de fazer emergir, de fazer convergir, de reaquecer psíquica e moralmente. É uma utopia da convergência espiritual, uma utopia da comunhão de espíritos nômades, visando uma ordem superior, uma sabedoria reguladora.

A cultura cibernética repousa sobre modelos mentais e instrumentais capazes de nos ajudar a apreender melhor os novos modelos de complexidade.

A expressão 'cultura cibernética' usa o prefixo *cyber*, que simboliza hoje no mundo inteiro a revolução das tecnologias da informação e da comunicação (TIC-Tecnologie International de Communications). Mas entenderemos aqui este prefixo em um sentido mais amplo. Em grego, *cyber* tem o sentido de 'leme', 'dirigir'. Esta proximidade etimológica ainda se encontra na língua francesa onde a raiz *cyber* aparece em *gouver*. A cultura cibernética não é apenas uma cultura do ciber espaço e da teleinformática, é uma cultura do 'leme' e do 'governo'. É uma cultura da navegação nos imensos recursos em informações e é principalmente uma cultura do governo global. A essência da cultura cibernética está ligada à apreensão do global, do mundial e à navegação do planetário e do universal. Outras culturas e outras civilizações tiveram também este tropismo universalista. Mas, o que é novo é que o universalismo transformou-se em uma necessidade absoluta em um planeta abatido, comprimido, arriscado a asfixiar-se. A cultura cibernética chega, no momento exato, para resolver problemas de essência mundial, dispondo de meios poderosos para agir. Em uma palavra, o desafio verdadeiro da cultura cibernética é civilizar a globalização e permitir que a humanidade passe para um novo estágio de consciência de si mesma.

Esta utopia não é um sonho vago, ela já se afirma nos fatos, ela se desenvolve nas realizações, ela esboça um programa. Uma sobrevoada rápida mostrará que a utopia *cyber* está em gênese, mesmo que o caminho a ser percorrido seja imenso.

Redes de redes

A rede é uma metáfora antiga, quer se aplique ao corpo (sangue, nervos), ao território (estradas de rodagem, estradas de ferro), ao poder (centro e periferia, quadrilátero e substituição). Outrora a rede ligava pessoas, palavras, imagens ou coisas. Mas, hoje, pela primeira vez na história, o conceito de rede se supera, tomando a si mesmo como objeto de sua função reticular: assim falamos que a Internet é a 'rede das redes'. Uma rede com a força 2. Mas, esta exposição é apenas um começo. Ainda não vimos nada... A Internet, aliás, já começou sua mudança diferenciadora. As redes Internet 2 e Internet 'nova geração' já ligam os computadores mais poderosos do mundo. Isso forma, em suma, uma super-Internet quase independente da Internet comum. Internet e Internet 2 coexistem, não sem algumas pontes comuns. Mas podemos ir bem mais longe e conceber a idéia de uma rede de redes de redes. Em suma, Internet com força 3...

E não acabou. Logo serão os 'mundos virtuais' que estarão colocados em rede. Estes mundos virtuais gerados em tempo real não estarão limitados às três dimensões do espaço euclidiano clássico, mas poderão dispor de um número arbitrário de dimensões imaginárias. Os mundos virtuais serão dotados de ligações 'hipermundos'. As ligações hipermundos desempenharão, em relação aos mundos virtuais, o mesmo papel que as ligações hipertextos desempenham em relação às páginas da Web de hoje. Em outras palavras, as ligações hipermundos permitirão associações funcionais, conexões semânticas entre mundos virtuais, criando assim uma nebulosa infinitamente complexificável de mundos e de ligações.

Os mundos e as ligações que os estruturarão em profundidade oferecerão não apenas enormes reservas de informações mas igualmente múltiplas maneiras de acessá-las, graças a interfaces virtuais reconfiguráveis à vontade.

A Internet é hoje uma rede de computadores, de processadores. O espaço assim criado, o ciberespaço, é um espaço abstrato. Amanhã, a rede será uma Internet de Internets, ligando múltiplos ciberespaços a múltiplas realidades reais. Redes de redes de redes, redes de 'Internets' de diferentes naturezas, de diferentes nomes, serão constituídas repartindo, contudo, pontes comuns. Abismos infinitos de entrelaçamento e de complexificação, mas todos conectados uns aos outros.

O mundo será feito de realidades e de virtualidades misturadas e em toda imagem, muitos planos de realidade estarão superpostos e em toda realidade, várias virtualidades aparecerão combinadas.

O que é menos seguro é o uso que poderemos fazer destes mundos profundos, simbólicos e indefinidamente encaixotáveis.

A rede do futuro não é então, de agora em diante, somente uma utopia de penetração refinada do território. É também uma utopia política, baseada em uma descentralização empurrada até suas últimas fortificações, sob proteção de subsidiaridade, mas também sobre uma vontade de governo global reforçada por infinitas provisões de informações. É também uma utopia redistributiva, a utopia de uma Internet imaginada como uma tela isótropa, não centrada, não hierarquizada, o que hoje está, evidentemente, longe de ser o caso, com a concentração atual do tráfico mundial da Internet nos Estados Unidos. É finalmente uma utopia metafísica: realizar a identidade perfeita do mapa e do território, livrando assim o espírito da terra.

Com o novo protocolo Internet IPv6, utiliza-se um código de endereçamento dispondo de 128 bits. Pode-se assim dispor de um número absolutamente enorme de endereços: 2 potência 128, seja um 1 seguido de mais de 125 zeros... Isto é, um número superior ao número de átomos da Terra. Podemos dar um endereço na Internet a bilhões de bilhões de máquinas. Mas podemos ir mais longe e dar, por exemplo, um endereço na Internet aos órgãos vitais do corpo de todos os homens para observá-los em termos médicos, poderíamos simular um endereço numérico para todas as produções intelectuais, para distribuir seu uso ou otimizar suas interseções (com o DOI: *Digital Object Identifier* – Objeto Digital Identificador). Poderíamos esquadrinhar o mundo com coordenadas GPS (*Geographic Positioning System* – Sistema de Posicionamenteo Geográfico) para determinar a posição exata de cada centímetro quadrado do planeta (usando o tipo de cálculo diferencial, particularmente preciso, usado atualmente pelos militares e amanhã por todos).

Estes exemplos são evidentemente apenas metáforas provisórias. Tentamos simplesmente dar uma idéia do que pode acontecer do que é anunciado. O espírito humano tem, a partir de agora, os meios para esquadrinhar o mundo inteiro com números e símbolos. Tem também os meios para classificar letra por letra todas as publicações passadas e presentes e assegurar-se que sejam colocadas à disposição de todos.

Neste estágio de desenvolvimento pan-óptico e pansimbólico, o real transforma-se integralmente em linguagem. Pelo menos é como ele aparenta ser.

As realidades virtuais, mistas, aumentadas

A simulação numérica e a realidade virtual permitem a criação das 'experiências de pensamento'. Podemos elaborar universos conceituais, modelos abstratos bem detalhados e tirar partido da força algorítmica disponível para entender melhor a natureza ou, em seu lugar, para explorar os limites de nossos próprios esquemas intelectuais. Com as realidades 'mistas' e 'aumentadas', podemos superpor o real e o virtual e combinar, em proporções escolhidas, diferentes tipos de representação, de ícones, de esquemas, de modelização. Podemos criar imagens 'para viver', imagens 'habitáveis'. Podemos constelar o mundo real com imagens de todas as formas e de todas as naturezas, para pensar melhor, para trabalhar.

Estas evoluções nos permitirão entrar concretamente no estado de espírito do Descartes das *Méditations métaphysiques* (Meditações Metafísicas), que se questionava a respeito de um 'Deus enganoso'. Mesmo quando começarmos a viver e a habitar 'nas' imagens, será crucial colocar novamente a questão da própria essência da realidade. Questão outrora reservada a alguns sábios. Mas questão, a partir de agora, palpável, tangível, possível de ser democratizada à escala de bilhões de humanos. Que formidável eletrochoque em escala planetária e em escala dos tempos! A humanidade inteira confrontada concretamente, diariamente com a 'dúvida' cartesiana. O que não surgirá deste 'questionamento' generalizado?

O barulho crescente da Tela com suas inúmeras pistas falsas e seus tesouros nos obriga a adquirir novos métodos de navegação mental, de questionamento sistemático e de avaliação crítica das 'paisagens informativas'. Os 'motores de busca' hoje são realmente insuficientes, quando não simplesmente comprados para fazer jorrar em lugares certos, os endereços pagantes. A navegação mental e seu novo aparelhamento crítico não se limitam à Internet. A força dos modelos de muitos parâmetros, dispondo de inúmeras dimensões cognitivas, permite que sonhemos com outras aplicações, por exemplo, ligar o espaço perceptivo integral do homem (visão, audição, gestos...) a um espaço intelectivo de dimensão comparável. As relações entre imagem perceptiva e modelo conceitual poderiam então ser exploradas como um universo significativo peculiar. Idas e vindas ainda impensadas poderão surgir entre conceitos e preceitos, entre o espírito que pensa, o espírito que sente e o espírito que critica, que julga 'com sabedoria'.

Presenças e comunidades virtuais

As comunidades virtuais e os 'colégios invisíveis', que constituem novas formas de sociabilidade, permitem o trabalho em grupo em escala mundial. A cultura cibernética baseia-se, em grande parte, neste sentimento de pertencer à comunidade mundial dos 'internautas'. Mas já podemos prever que novos tipos de presenças 'virtuais' se desenvolverão, particularmente perturbadoras, como as *nanopresenças*, ou ainda as 'presenças distribuídas'. A idéia de *nanopresença* foi emprestada das *nanomáquinas* que começamos a construir molecularmente. *Nanocâmaras*, *nanocaptores*, *nanomotores* poderão logo permitir a 'presença' virtual e sem interrupção em lugares inimagináveis, como dentro de nossas aortas ou em uma bola de futebol na hora do pênalti. Golfinhos e cachalotes já estão equipados com câmaras e balizas GPS miniaturizadas para seguir, em tempo real, durante vários meses, suas migrações e seus comportamentos. Estas *nanopresenças* serão incitações tanto para ampliar como também para esclarecer nossa maneira de estar 'presentes' no mundo. Quanto à idéia de 'presenças distribuídas', generalizamos assim o conceito de 'simulação distribuída', usada há mais de dez anos pelo exército americano e que consiste em colocar em circulação enormes redes de simuladores destinados a simular, da mesma maneira, com os mesmos materiais, grandes conjuntos operacionais, como uma esquadra inteira ou uma divisão em ordem de batalha ou mesmo o desenrolar inteiro de uma guerra real, permitindo assim, teoricamente, atuar sobre a realidade através de uma representação simulada do campo operacional. Projeta-se equipar cada soldado com uma bateria de captores, incluindo uma câmara em miniatura, permitindo que o quartel general siga a evolução da guerra no local, em tempo real, graças a estes milhares de olhos espalhados, 'distribuídos'. Esta distribuição da presença pode facilmente generalizar-se no mundo civil. Podemos considerar a criação das 'presenças familiares espalhadas', por exemplo, ou comunidades de aprendizagem espalhadas.

Presenças vigilantes e fiscalizadoras vão, portanto, cada vez mais, se imiscuir a partir de agora no mais profundo de nossos órgãos e em todos os momentos de nossa vida social ou íntima...

O espírito, convocado por esta miríade de presenças, deve pensar o 'comum' como seu 'si mesmo'. Revolução radical, para o individualismo ocidental. E, contudo, a tradição do Ocidente soube manter a lembrança da 'comunhão dos santos'.

A cultura do outro

Redes e realidades, paisagens e presenças: atrás das metáforas, a utopia cibernética nos provoca e nos obriga novamente a recolocar antigas dúvidas. Que civilização queremos construir no século XXI? De quais fraternidades teremos necessidade em um mundo, de agora em diante, intimamente interdependente? Qual será o lugar da pessoa humana em um mundo cada vez mais dominado pelas máquinas e pelas lógicas abstratas?

No coração da cultura cibernética se encerra um risco profundamente ético. Trata-se de bem mais do que definir um código de conduta para a Internet ou de regularizar o comércio eletrônico. Trata-se de um debate sobre o futuro da sociedade mundial, com a participação do maior número possível de interessados, ou seja, de seis bilhões de cidadãos planetários.

O mundo precisa de uma visão, de um projeto que possa levar em conta todos, particularmente os mais pobres e mais deserdados. São estes, com efeito, que detêm a chave do futuro. Se não forem levados em consideração, estaremos, coletivamente, caminhando para nossa derrota, nossa e deles. Se os restituirmos a seus verdadeiros lugares, como seres humanos e, como tal, infinitamente preciosos, então eles nos tornarão mais ricos com suas diferenças, com seu desenvolvimento. Serão eles os criadores das condições duráveis da paz. Serão eles que mostrarão o que não podemos ver, o que não somos capazes de confessar sobre nós mesmos, os limites estreitos nos quais nos fechamos, nossos egoísmos e nossas miopias. Como dizia Riccardo Petrella "O bem comum está representado pela existência do outro". E aquele que se encontra mais desfavorecido é o mais 'outro', justamente porque ele é o mais desfavorecido. Ele é, então, quem melhor representa o verdadeiro bem comum. A ética que precisamos e à qual a verdadeira cultura deve se aliar, é uma ética do 'outro'.

A cultura cibernética nos fornece um 'leme', o que já é muito. Mas cabe a nós dar uma direção. E a melhor direção é o 'outro'.

O espírito do tempo entrelaça, de agora em diante, o virtual e a alteridade, como outrora o espírito pairava acima das águas. A atmosfera de nossas sociedades está impregnada de imagens e de simulações. Planos inteiros do real se prestam à virtualização, como se esta supervirtualidade permitisse atingir, paradoxalmente um pouco melhor, o cerne das coisas, permitisse perceber uma essência derradeira que sempre se disfarçaria, mas que se revelaria, justamente virtualizando-se, como a flor desabrochada se exala em perfume, como o oceano se vaporiza em nuvem.

O real e o virtual já não podem, de agora em diante, ficar separados: eles se completam e se explicam um pelo outro. É, contudo, neste casamento pervertido, que uma prisão mais apertada se prepara para nós. Então, será mais difícil buscar a erupção do impensável, do inaudível, do não sabido e do inesperado, em um mundo de códigos e de linguagens. É a própria imagem do homem, que as bodas do real e do virtual modelam de agora em diante, outra vez, lembrando-lhe – como um negativo – sua obrigação de sonhar, sua necessária escapada, sua aspiração ao infinito, sua 'inspiração' para o espírito.

O Sistema, os Reféns e o Ser Vivo

MICHEL RANDOM

A situação é inquietante. O planeta está enfermo dos homens e vivemos como se isso não quisesse dizer nada. A tempestade passou por cima de nossas cabeças como algo no limite do imaginável, mas nós já esquecemos. Exatamente como, apesar do aumento das alergias e das doenças respiratórias, esquecemos que a poluição visível diz respeito a todo o ecossistema planetário submetido a um estresse exponencial cujos efeitos visíveis e invisíveis são, ao mesmo tempo, gigantescos e incontroláveis.

Neste tempo de sobrevivência planetária, como resistir e integrar forças de vida, de imaginário, de criatividade, como evocar um futuro numa realidade aleatória, movediça, ameaçadora, duvidosa? Como encontrar um imaginário que seja também a expressão de uma nova energia sutil e criativa?

O homem é a própria imagem da infinita complexidade: continuamente o céu cai em cima de nossas cabeças, mas continuamos vivendo numa situação de euforia, numa suave hipnose coletiva embalada pela influência do quotidiano, pela trama das obrigações, pelo desejo de evasão e pelas sereias da Net.

Talvez não possa ser diferente. A sensação de viver, de participar do momento atual, a urgência de ser, são mais fortes que os medos, as catásfrofes e os amanhãs sombrios. Hoje o sol está brilhando, os pássaros cantam e as mulheres são sedutoras.

Pensando bem, aquele que queria parar a nuvem de Tchernobyl em nossas fronteiras, talvez não estivesse errado. Se ele tivesse dito: "Não deixemos o medo nos dominar, a nuvem de Tchernobyl é apenas uma ilusão", talvez o tívessemos considerado um sábio!

Se olharmos para o futuro com os olhos de hoje ficaremos inquietos com toda a razão. Vivemos um tempo surrealista, onde todas as estatísticas conjugadas (poluições, doenças virais, crescimento demográfico) descrevem já há alguns anos uma curva exponencial. E qual é o sentido de uma curva exponencial depois de cinco ou dez anos? Significa que saímos da realidade ordinária como a conhecemos e vivemos uma realidade desconhecida, irrepresentável, fora do imaginário e do tempo.

Uma dessas energias cuja expansão é exponencial denomina-se globalização (pois sua entropia soma-se à degenerescência do ecossistema), a instalação de um Sistema onde o novo soberano se chama Senhor Mercado. O poder do dinheiro reina sem restrições sobre o planeta. Será a instauração totalitária de um pensamento único, de uma escravidão global e maquiavélica a indivíduos com poderes financeiros? Qual é o sentido de uma economia onde menos de 200 pessoas pesam financeiramente mais que 4,5 bilhões de indivíduos? Onde 1,5 bilhão de homens vivem com menos de um dólar por dia? Onde um punhado de homens (entre 120 e 200) detêm sozinhos 80% das riquezas monetárias do planeta e, consequentemente, possuem um poder econômico e um poder oculto fora de qualquer representação e de longe superior ao dos Estados.

Pode esse poder financeiro instalar um mundo de Orwell onipotente? Irá ele zombar de todos os indivíduos, vigiá-los, eliminar os contestadores e os indesejáveis? A futura sociedade receberá o nome de 'Item', o que significa 'o Mesmo'. Uma sociedade onde os homens não terão identidade, mas um código gravado em uma pulga anã, colado indefinidamente em sua carne como os 2,5 bilhões de animais já controlados, ou mercadorias? Seres programados por computadores, dirigidos por satélites, transformados em objetos. Um mundo de escravos programados em uma sociedade tecnológica eficaz e sem alma. Será, esta visão tantas vezes evocada, realista?

Os Reféns

A visão que acabamos de evocar constitui, em todo caso, um cenário novo: o de uma luta titânica que poderia receber o nome: "O Sistema, os Reféns e o Ser Vivo". Os Reféns são os 6 bilhões de seres humanos de nosso planeta.

O cenário retrata a estratégia do Sistema diante dos Reféns. Por exemplo: persuadi-los de que são felizes, impedi-los de pensar sozinhos, programá-los de maneira a que eles se autocontrolem e hipnotizem a si mesmos. Persuadi-los de que quanto mais obedientes e passivos forem, melhor para eles. Entretê-los com um medo difuso, que neutraliza sua revolta e, para conseguir isso, criar a instabilidade do emprego, a apreensão pelo amanhã, a pressão fiscal. Em suma, distrair os seres humanos com a inquietude, com o medo, com a angústia permanente. A exploração cínica do homem pelo homem, sua escravidão permitida e progressiva constituindo a nova ética. Todos os meios, os mais maquiavélicos e os mais insidiosos possíveis, sendo empregados para reduzir e distorcer o sentido dos valores sociais, econômicos, culturais e espirituais, como particularmente demonstrou a ideologia neoliberal do AMI (Acordo Multilateral sobre o Investimento), documento negociado por economistas vindos das vinte e nove nações que formam o OCDE (Organização de Cooperação e de Desenvolvimento Econômicos), cuja sede é Paris, o Acordo de Livre Comércio Norte-americano da ALENA-NAFTA, e os acordos da OMC (Organização Mundial do Comércio).

Como exemplo, eis alguns aspectos resumidos dos princípios contidos nestes diferentes acordos:

✓ Proceder como comprador de toda infra-estrutura privatizada, de todo bem social ou herança cultural sem nenhuma limitação ou controle.

✓ Ter acesso a todo privilégio, subvenção, concessão, empréstimo, incitação fiscal por parte do país anfitrião, segundo os mesmos direitos de uma firma nacional, sem investir no país ou contribuir para o bem público.

✓ Não estar submetido às normas e exigências em matéria de criação de empregos, de compra de mercadorias no mercado local ou nacional, sem reciprocidade de importação-exportação ou de transferência de tecnologias.

✓ Considerar ilegal toda norma nacional a respeito dos direitos do homem, do direito ao trabalho, da proteção do meio ambiente, dos bens importados ou produzidos em outras regiões ou países.

✓ Todo serviço público é considerado como um 'monopólio'.

✓ Os monopólios do saber, protegidos por alvarás, estão excluídos do Acordo e definidos como 'não-monopólios'.

Os aspectos ocultos desta ideologia visam desestabilizar os Estados, as instituições, os indivíduos e, principalmente, a propagar a violência direta e indireta, a suscitar conflitos sociais e políticos, a minar a confiança no presente e no futuro, desenvolvendo assim um estado precário propício às patologias do medo e da angústia e, sobre estas patologias, fundar novos mercados.

O Ser Vivo

Neste cenário maquiavélico o Ser Vivo é um adversário prodigioso, sua complexidade, seus recursos visíveis e invisíveis são infinitamente mais variados que os de uma ideologia humana, por mais perversa que esta seja. Mas qual é a força de sua intervenção, como essa energia própria do Ser Vivo, que se exprime pelo 'Todo diferente das partes', se manifesta?

De bom grado diremos que o Sistema é louco, pois, precisamente, ele manipula até o Ser Vivo: vejam o gênio genético, as biotecnologias, a informatização, as redes de robôs biotecnológicos que são preparados. Esses robôs serão capazes de proezas inconcebíveis, entre as quais a faculdade de se auto-reproduzir, independentemente dos homens. Essa tecnologia vai além dos limites da ficção científica. Ainda recentemente ela foi denunciada por Bill Joy, o inventor da célebre linguagem de programação Java. Ele presidiu a Comissão americana para o futuro da pesquisa no setor das tecnologias da informação e é o chefe científico do construtor informático *Sun Microsystems.* Eis o que Bill Joy escreveu:

"Se os avanços tecnológicos já não são, a nossos olhos, senão acontecimentos rotineiros ou quase, precisamos, no entanto, encarar as coisas de frente e aceitar o fato que as tecnologias mais irresistíveis do século XXI (as GMR[1]) fazem pesar uma ameaça de natureza essencialmente diferente daquela das tecnologias anteriores. Concretamente, os robôs, os organismos geneticamente modificados (OGM – Organismos Genéticamente Modificados) e os nanorobôs estão ligados por um temível fator agravante comum: eles têm a capacidade de se auto-reproduzir. Uma bomba ex-

---

[1] GMR – Giant Magneto Resistance, uma técnica de produção de campos magnéticos muito finos mas muito fortes, que possibilitam um compactamento muito denso de informações em arquivos magnéticos.

plode somente uma vez; um robô, ao contrário, pode se multiplicar e rapidamente escapar a todo controle" (citado pelo *Le Monde* em 5 de julho de 2000).

Este é apenas um exemplo de informação entre tantos outros que vão além de nosso imaginário e que são, por isso, ou ocultados ou considerados como fantasiosos pelos cientistas dedicados ao Sistema. Sem desenvolver esse processo inconcebível, podemos nos perguntar se o futuro do Sistema não é a construção programada de um cenário paranóico visando o controle de um poder mundial e o suicídio da inteligência humana em escala planetária.

A nova ordem tecnológica da globalização não é uma gigantesca utopia contrária ao mundo vivo? Uma degenerescência humana sem precedentes em todos os níveis sociais, culturais, econômicos também, na medida em que a criação de entidades gigantescas é contrária à complexidade e à inteligência da ordem viva? Uma derrota da responsabilidade individual e coletiva que ameaça cada indivíduo em particular e a vida planetária em seu todo?

Mas, vamos dar um salto para o futuro. Precisamos ver tudo negro? Precisamos escutar os especialistas da ecologia planetária? A sobrevivência está realmente em jogo? E se o universo e a vida fossem mais complexos que a aparente complexidade? E se precisamente, outras forças, outras energias estivessem presentes, como a matéria negra no cosmo? Uma matéria que representa 90% das energias cósmicas e da qual não sabemos absolutamente nada. Mas, sem esta matéria, sem esta trama sutil, como os bilhões de bilhões de galáxias se manteriam no espaço? E quem diz que não existe uma outra trama, infinitamente contida, mas toda poderosa, emanando seres humanos e que manteria talvez a espada de Dâmocles suspensa acima de nossas cabeças? E qual poderia ser essa energia, senão uma trama infinitamente sutil do mundo cósmico análoga ao que chamamos 'consciência'?

Esta palavra diz respeito aqui, não à consciência ordinária como a concebemos, mas a um conceito de energia específico da física sub-quântica. Qual é a energia dominante do cosmo? As forças de gravidade e a energia eletromagnética representam apenas 10% das energias conhecidas, os 90% restantes são denominados 'matéria negra'. Mas não temos a menor idéia do que constitui essa 'matéria negra', que visivelmente subentende a ordem cósmica e impede, por exemplo, que as galáxias se despedacem ou se precipitem umas nas outras. Essa 'matéria negra' é a imagem de um 'grande pensamento', como sugeria o físico Arthur Eddington desde 1930 ou então uma grande 'consciência', como diz hoje o físico americano G. F. Chew?

Se, como ensinam as grandes tradições e inúmeros físicos contemporâneos, o planeta e o cosmo forem um todo homogêneo e vivo, uma trama de consciência sutil, neste caso, a consciência dos homens reflete a do universo. É a autoconsistência do cosmo, do Todo, evocada por G. F. Chew e Basarab Nicolescu. Neste caso, essa energia-consciência seria uma realidade onipotente. Teria ela um poder suficiente para recuar ou suspender um possível fim planetário? Para modificar de algum modo a mecânica implacável das causas e dos efeitos, reduzir ou anular a entropia destrutiva gerada pelo homem?

Como, com efeito, imaginar um futuro nos moldes de uma visão apocalíptica, fracamente esboçada aqui. Evoquemos contudo a queda progressiva da imunidade das pessoas. Em outras palavras, o ser humano transformou-se cada vez mais em um terreno frágil, sobre o qual os vírus podem facilmente agir e provocar epidemias gigantescas e inescapáveis. Estes males, cuja descrição sumária exigiria várias páginas, não lembram a terrível palavra do Apocalípse: "E os vivos invejarão os mortos"?

O que será então o futuro histórico dos homens em dez, vinte anos ou um século? Aparentemente ele é irrepresentável, apenas podemos falar de um futuro próximo. E não é um sonho imaginar um futuro planetário como um oásis de paz e de serenidade? Mas qual seria o preço desta impensável mutação? Devemos imaginar o futuro como um golpe de Estado permanente de acontecimentos terríveis como o desaparecimento de uma grande parte da humanidade, para que alguma coisa mude?

Difícil responder de maneira convincente a todas estas questões. Podemos imaginar uma mutação total dos valores éticos, sociais, culturais, espirituais e os novos valores que poderiam emergir?

Diante da entropia global do sistema de saúde planetário e principalmente com as poluições graves e irreversíveis do ar, da terra e das águas, que outra força toda poderosa lhe opor senão a do Ser Vivo? O Ser Vivo é um anti-Sistema. É um Todo aleatório, imprevisível, sutil, impalpável, que surge onde não é esperado, muda com um sopro todos os dados mais irredutíveis. Sua energia está orientada para uma forma de proteção das espécies, mesmo que 99% das espécies que existiram sobre o planeta tenham desaparecido. Os mamíferos humanos teriam mais chance que as outras espécies? E se a resposta é sim, por quê?

Se nós sustentarmos a idéia de que o campo de consciência seria a força fundamental do universo, quais seriam os aspectos discerníveis 'desta consciência, da consciência da consciência' descrita principalmente por Stéphane Lupasco e Basarab Nicolescu?

Eles são específicos do aleatório quântico ou do 'terceiro secretamente incluído', o que significa a intervenção permanente de todos os níveis de realidade ao mesmo tempo em todo acontecimento local. "Para compreender o que se passa no mundo quântico, escreve Basarab Nicolescu, devo imaginar universos paralelos, existindo ao mesmo tempo, em número finito ou infinito, onde alguma coisa acontece, ao mesmo tempo, em vários universos, ao mesmo tempo. É uma suposição que, há pouco tempo pertencia à ficção científica, mas hoje está integrada à ciência."[1]

Se acreditarmos, podemos ficar mais atentos aos aspectos dessa energia-consciência que se manifestam em nossa realidade. Além desta energia cósmica e toda poderosa do Ser Vivo, que outra energia poderia contrabalançar os fenômenos oriundos do pensamento humano, por refinado que seja?

Vamos tentar encontrar os traços, os balbuciares dessa renovação. Vamos aceitar o augúrio para o futuro, de uma visão mais vibrante, mais sutil, mais cósmica ou quântica da realidade. Não estaria ela presente no que Basarab Nicolescu denomina como a 'feminização do real'? Uma revolução suave, na escala planetária, onipresente, manifestando-se sob mil formas que tendem a humanizar a violência contemporânea. O olhar dirigido para o outro traduz-se, entre os físicos e os filósofos, por um reconhecimento dos valores tradicionais. O espírito do colóquio internacional *Science et Tradition* (Ciência e Tradição) que aconteceu em Veneza, em 1986, continua a se manifestar principalmente através do pensamento transdisciplinar. Ele corresponde também a um reconhecimento progressivo dos valores tradicionais e dos direitos das etnias. As dos Indígenas, dos Kogis, dos Aborígenes na Austrália, dos Massaï na África e de tantos outros com os quais começamos a nos preocupar. Etnias que se esforçam, por sua vez, por salvar o essencial de seus valores ancestrais.

Valores transdisciplinares, transpessoais ou holísticos se espalham. O poeta científico surge. Em toda parte a causalidade, o implacável Sistema da globalização, do pensamento único, é combatido. Ele está longe de estar abatido, mas a resistência, ativa e permanente às formas de

---

[1] *Rencontres transdisciplinaires*, n° 15, p. 62.

alienação visíveis e invisíveis se delineia. A emergência de uma nova consciência, do respeito e da escuta do outro, por exemplo. Um sorriso, no seio do Sistema e de sua barbárie, um sorriso aflora, que parece querer florescer. E se este débil sorriso trouxesse toda a esperança do homem futuro?

A ciência começa a ficar mais modesta, traça seu caminho de 'não conhecimento', de poesia. A natureza do universo cósmico desdobra seus véus impenetráveis. Sentimos como o microcosmo e o macrocosmo possuem um fundamento comum, uma mesma estrutura que liga o Todo e a parte. O sentimento de unidade cósmica nos é cada vez menos estranho. E essa nova inteligência traça seu caminho em nós, do Oriente para o Ocidente, dos físicos para os filósofos. Essa unidade entrevista pode assumir mil formas na expressão humana, mesmo as mais evanescentes. Definitivamente, ela tende a unir todos os que participam desta mesma e sutil visão das energias criativas, como uma dança dos átomos, como cantava Rumi.

O ecossistema do Ser Vivo é melhor compreendido. A natureza deixou de ser explorável à vontade. A proteção de uma planta, de um animal, de um ser humano tem um mesmo sentido. Cada um depende desse todo vivo, resistente e frágil, ao mesmo tempo. Compreendemos melhor que proteger as espécies, impedir seu desaparecimento, significa também proteger a humanidade. As barreiras da ignorância, dos preconceitos, dos interesses obscuros, dos fanatismos, da predação são ainda colossais, mas como todas barreiras construídas para durar, elas se quebram. Será uma esperança, um símbolo da mutação próxima?

Certamente, tudo isso não leva, por enquanto, a uma redução das desigualdades, das misérias e das barbáries. Mas sim a uma nova respiração planetária, onde o ser humano retoma seus direitos, aparece como contraponto da globalização tecnológica.

Sabemos que as energias mais sutis são as mais poderosas e que a mutação do quantitativo para o qualitativo deixou de ser uma utopia. E qual é a força de uma consciência transcendente exclusiva de uma grande parte da humanidade? Essa vibração colossal não teria esperança, seria um total absurdo?

Pouco a pouco os valores do Ser voltam a seu lugar. Já não é o "Penso, logo existo" que prevalece, mas progressivamente o "Porque sou, eu penso". O ser tornou-se símbolo do centro. Um centro invisível, sem dúvida, um centro de despertar. Mas é no exergo da 'Mensagem' anunciada pelo colóquio internacional de Tóquio, em 1995, que figura esta frase, vinda não de visionários mas de cientistas e de filósofos: "Somente quem enxerga o invisível é capaz de fazer o impossível".

Este centro invisível, este ponto do ser deixou de estar ausente do discurso, ele se inscreve no pensamento transdisciplinar. Sem dúvida suas aplicações ainda são frágeis, mas elas se manifestam sob mil formas concretas, novas formas de ensino com um novo imaginário criador. Do aspecto social do auxílio mútuo às relações e ao respeito entre os seres. No mundo da educação, centros de reflexão são organizados. O sentido da responsabilidade, do princípio de prudência começa a se fixar. O sentido dos valores se manifesta na vida familiar, nos lugarejos, nos bairros. No mundo inteiro milhares de jovens trabalham para re-humanizar gradualmente as nações e o planeta. É assim que podemos esperar pelo nascimento de uma educação nova. As trocas pela Web também colaboram para este diálogo planetário, para o reconhecimento, para a atenção do outro. É também através desses milhares de pequenos atos que começa a mutação do futuro.

A realidade transforma-se em um diálogo permanente. Sabemos que se o real for impenetrável, nossa realidade quotidiana, subjetiva, sensível, criativa, depende de nossa maneira de olhar. Começamos a entender que esta noosfera onde estamos é um campo de interações invisíveis, mas todo poderoso, mesmo quando percebemos que ela existe nas facetas de um mesmo espelho, que reflete a cada instante nossas dúvidas e nossas dimensões. Nós nos agitamos provavelmente nos reflexos de um real desconhecido, mas, no final, a consciência dessa bolha subjetiva nos torna menos arrogantes e a ciência se torna uma companheira, um lugar de reflexão onde a poesia e o imaginário recuperam a origem e, progressivamente, deixa de ser uma ditadura.

A realidade é feita da energia de todas essas trocas que se combinam com o fluxo de sua aparente complexidade. Uma complexidade que é também exclusiva da linguagem paradoxal da natureza, do mundo vivo, que se exprime como um campo de sensações, de fenômenos aos quais estamos associados e dos quais somos também a expressão viva. O que será amanhã a nova educação em um mundo onde ser é também estar em movimento, em mutação constante? O que quer dizer que é mais importante aprender a aprender do que acumular conhecimentos, que o imaginário, a criatividade, também têm direito de cidadania.

Em outras palavras, aprendemos a perceber com que olho vemos as coisas. Tentamos racionalizar esse real movediço segundo 'níveis de realidade', níveis entre o saber aparente e o saber, não de nossos conhecimentos, mas de nossos 'não conhecimentos'. 'Não conhecimento' ligado à natureza do 'Todo diferente das partes', ao aspecto aleatório, imprevisível da ordem viva.

Podemos, aliás, nos interrogar se esse 'Todo diferente das partes' não é a própria inteligência da ordem viva que nos leva a ter mais modéstia e a novas reflexões. Se esse Todo não está aí para nos dizer a sua maneira: eu os ensino a olhar de outra forma pois desejo que o planeta Terra viva e, mesmo, se ele for um ínfimo grão de areia na imensidão de meu Todo, este grão colabora para o equilíbrio da ordem cósmica. E do grão de pólen para o grão do planeta tenho um mesmo olhar atento, o de sua sobrevivência.

"Seja o que você é", parece nos dizer o mundo cósmico: um ser vivo dentro do universo do Ser Vivo. Será preciso esperar que a natureza das vibrações cósmicas mude, que a natureza dos seres, das novas gerações, desenvolva o instinto de vida e de sobrevivência e que este instinto, esta sensibilidade nova seja suficientemente poderosa para dominar a entropia do Sistema? Tenho a impressão que mil e tantos canais visíveis e invisíveis espalham esta mensagem na trama consciente ou inconsciente das novas gerações. Um murmúrio que ainda cresce, uma onda que pode virar oceano. "O semelhante atrai seu semelhante, o invisível e o visível têm a mesma linguagem", diz a sabedoria hindu.

Se a natureza de nosso olhar mudar a realidade, que novo imaginário devemos conceber para as novas gerações? Um imaginário consumista ou um imaginário que cria uma fratura ainda mais imprevisível? Novos conceitos surgirão. Eles surgirão talvez sob forma de novos modos, duráveis ou efêmeros, mas criando, sem dúvida, uma nova visão, uma visão mais global, mais unificada da realidade.

Como exemplo, gostaria de imaginar uma palavra-conceito, escolhendo a palavra *display*, que quer dizer 'desdobrar', sugerida por David Bohm. *Display*, diz ele, é 'separar desdobrando'. "Isso, explica David Bohm, pode fazer compreender como a matéria, a energia e a consciência têm uma essência comum que desconhecemos." [2] Esta palavra, *display*, poderia tornar-se um projeto de jogos, de conhecimentos, um novo método de ensino, uma paixão

---

[2] Citado em *Le Paradigme holographique* de Ken Wilber, Le Jour, 1985, p. 302.

para o universo dobrado e desdobrado, uma nova psicologia. A emergência das futuras palavras-conceitos será a de novas formas de imaginário e, como sabemos, o imaginário é também uma forma de energia.

As idéias, as energias implícitas ou explícitas, são rapidamente percebidas pelo inconsciente coletivo. A difusão instantânea das informações na Web prefiguraria o aparecimento de um novo campo, um novo território, o de uma mutação quântica coletiva?

A Web, como toda complexidade, pode produzir o pior e o melhor. Ela pode contribuir para o aparecimento de gerações passivas e robotizadas, produzindo sub-homens em um mundo cada vez mais utópico e virtual. Pode também ser o campo de uma inteligência diferente, mais rápida, mais intuitiva, mais imaginária, produzindo pensadores, poetas, visionários de um novo estilo.

Pessoalmente quero crer que existem razões para se ter esperança nesta emergência da inteligência, da convivência entre os seres e que este olhar sobre si mesmo nos ligue ao espaço interior e à natureza. O homem do futuro não será, em minha opinião, um robô, um objeto alienado, mas um ser mais perfeito, mais consciente, solícito para reparar os enormes estragos ecológicos e humanos produzidos por nossas gerações.

Entre sonho e realidade, a concepção do 'homem global'

PATRICK PAUL

A questão do 'homem global' reside no núcleo da transdisciplinaridade. Ela postula um possível diálogo entre ciências, arte, tradições e religiões na medida em que este determina sua invariável proporção, à imagem do todo.

O humanismo antropológico clássico, para muitos autores, reconhece que nada do que seja humano ou infrahumano é estranho para nós. O humanismo atual, por seu lado, limita habitualmente o humano ao ser biológico.

Qualquer que seja o enfoque, na medida em que o fenômeno humano surge como 'fenômeno total', o axioma da totalidade exige o questionamento da globalidade – complexidade – unidade do homem.

Tentar responder tal questão, que trata inevitavelmente de interioridade e de exterioridade, de biologia, de psicologia, de sociabilidade, de 'culturalidade' e mesmo de espiritualidade, supõe uma multirreferencialidade em ação, distinguindo-se do positivismo redutor habitualmente consagrado – mas aqui impotente – à resolução do problema, visto que a globalidade do homem deve integrar os conhecimentos pré-lógicos, as realizações artísticas assim como as produções míticas ou o domínio do transcendente.

A noção de imagem.

Se, neste questionamento, uma nova postura epistemológica parece atualmenete possível graças à transdisciplinaridade, é importante saber qual instrumento metodológico manifesta a maior aptidão para a revelação do real.

Nosso próprio avanço, como cada um, é feito de despojamento. Uma trama subjacente, contudo, *a posteriori*, parece ter pontuado nossa aspiração formativa assim como nossa busca pessoal, na maior parte dos domínios que cruzamos, afirmando a importância dos sonhos e do imaginário. Este procedimento foi posteriormente fortalecido pelo estudo dos 'diferentes níveis de realidade' e pela maneira que poderia conduzir, nas ciências humanas, sua experimentação. Uma 'história de vida imaginal', com suas epifânias, progressivamente afirmou, a nossos olhos, a importância que havia em ultrapassar a simples diacronia das biografias que descrevem os acontecimentos de um real acontecido para encontrar, como sugeria Bachelard, a autobiografia das possibilidades perdidas.

Na medida em que a história de vida aprende a se produzir, narrando-se (Pineau), a linguagem se torna o mediador do vivido. Nossa observação, contudo, levou à evidência não apenas de uma, mas de três linguagens diferentes e ao problema de sua articulação: genética (biológica), verbal (consciente), simbólica (inconsciente) entrelaçando suas ações, a trama (tecido) da vida compondo-se de um fio no comprimento e um na largura superpostos com o movimento hábil da naveta para fazer com que apareça o desenho.

Herança biológica e palavra assumem hoje valores positivos. O mesmo absolutamente não acontece com o imaginário qualificado de fantasmagoria alegórica, de irrealidade hipócrita e cujo estatuto, hoje negativo, deslocou-se na história.

Assim, por exemplo, o sonho, na grande maioria das etnociências, exprime uma dimensão terapêutica, profética social, cultural ou espiritual reconhecida. O Egito, a Grécia antiga, o taoísmo, assim como o islã e o hinduísmo, com algumas diferenças, o confirmam igualmente. O budismo, com seu método dos 'seis princípios de Naropa', igualmente o valoriza. A lista não é exaustiva. Mas é, antes de tudo, a grande tendência da *vis imaginativa* que desde a Idade Média até hoje, no Ocidente, assinala a persistência deste caminho pela continuidade de uma presença, quer seja reconhecendo-a nos 'romances da Távola redonda' , nas obras de Montaigne, Ficin, Bruno, Paracelso, Boehme, Gichtel e, mais tarde, na corrente germânica da *Naturphilosophie*, ou mais recentemente ainda, nos escritos de Heidegger, de Corbin, de Durand ou de Wunenburger.

Mais exatamente, a problemática da *Bildung*, no sentido da 'imaginação de si', de 'trabalho sobre si', de 'cultura de seus talentos' pretendendo fazer da individualidade uma totalidade, constitui a contribuição específica do romantismo alemão propício a alimentar nossa reflexão contemporânea.

Se a origem desta palavra remonta, com toda credibilidade, a Mestre Eckhart, o homem carregando então em sua alma a Imagem (*Bild*) de Deus, é nesta dialética do Mesmo e do Outro, que sua contribuição se mostra mais específica. O romance de formação, depois dos de Busca do Graal ou da *Phénoménologie de l'esprit* (Fenomenologia do Espírito) de Hegel, trazem relatos dela.

Os sonhos, transcritos por um longo período, de acordo com nossa própria experiência, podem incluir-se nesta mesma linhagem, confirmando a hipótese de um progresso da alma. Mas biologia e psicologia não são os pais pobres desse jogo sutil mesmo que, sem dúvida, ainda reste muito a conhecer. O problema atual reside na interpretação dos sonhos e na evolução progressiva de seu estatuto, que passou de manifestação de uma mensagem dos deuses, clássica na Antiguidade, para acidente episódico no desenrolar do sono (Maury), depois expressão de uma neurose e de uma censura com Freud. É importante considerar esse reducionismo progressivo na história, de forma a deixar aparecer o que vai estar em jogo no futuro.

Uma questão epistemológica?

Podemos supor que as sociedades antigas, como aliás muitas sociedades contemporâneas estudadas pela etnologia, expressam uma visão do mundo que qualificaríamos de holista. Para Dumont, esta visão valoriza a totalidade social e condiciona o indivíduo humano. Poderíamos acrescentar que o homem, microcosmo, é a imagem do macrocosmo celeste. De forma evidente aqui, holismo opõe-se a individualismo significando claramente as diferentes relações e a globalidade unindo o homem ao universo.

A ruptura de solidariedade com o cosmo, para vários autores (como Le Breton, por exemplo), situa-se por volta do século XIII. As premissas do aparecimento do indivíduo ficam então perceptíveis, o comércio e os bancos desempenhando desde então um papel econômico e social de primeira importância. O comerciante mostra o protótipo do indivíduo moderno, o interesse pessoal invadindo de forma típica o 'interesse comum'.

É, neste momento, que para Corbin ou Durand principalmente, a adoção pelo Ocidente do modelo averroista rompe com a tradição órfica e platônica do "Conhece-te a ti mesmo e conhecerás o universo e os deuses" no qual 'ti mesmo', manifestamente, não se refere a um indivíduo psicológico mas ao cosmo e às divindades. Este rompimento tem como consequência separar a função de conhecimento da função de revelação. Já que cognição e gnose deixaram de estar ligadas, uma lógica binária vem substituir o sistema unitário previamente colocado negando a importância de uma mediação entre significado e significando, corpo e espírito.

Esse lento movimento, iniciado na aurora do Renascimento, leva ao desenvolvimento de um modo de percepção e de pensamento que se opõe, sem dúvida com razão, à função holista e religiosa da sociedade provavelmente desviada ou inapta para fazer frente aos novos desafios do pensamento.

O dualismo exclusivo do século das Luzes acentua a ruptura, concretizada com o positivismo de Auguste Comte no século XIX. Depois da 'morte da alma' do século XIII e a 'morte de deus' no século XIX, o que restou foi uma sociedade cada vez mais laicizada e dessacralizada cuja única realidade material está orientada exclusivamente para o objetivo do lucro. A 'morte da Terra' é anunciada, oficializada de algum modo um século mais tarde com a conferência do Rio.

Mas, desde o início do século XX, o positivismo, por sua vez, viu-se fortemente contestado, especialmente pelas diversas epistemologias construtivistas (Le Moigne), revalorizando a noção de indivíduo. Com a denúncia da possível 'morte do homem', podemos entrever a esperança em uma 'ressurreição do sujeito', ficando aliás o questionamento a respeito do mistério da palavra 'sujeito', que aparece aqui tão abissal a partir do instante em que nele fixamos a atenção quanto aquele que repousaria sobre o mistério de uma eventual ressurreição.

Aliás, as definições próprias à noção de sujeito, de pessoa, de eu, de ego, de indivíduo, de consciência etc, são tão variadas quanto o são os campos disciplinares, a explosão dos saberes encontrando-se amplificada tão logo se anuncie o jogo das relações paradoxais entre indivíduo e sociedade, sujeito e objeto, Ser e Sendo....

A resposta transdisciplinar

Havia necessidade de encontrar um modo de gestão particular das informações e da multirreferencialidade própria de nossa cultura, uma metodologia de resolução dos problemas complexos, que pudessem tanto repousar sobre o paradoxo do objetivo e do subjetivo, do local e do global, do determinado e do indeterminado, etc, como, igualmente, permitissem dar sentido ao tratamento dos dados oriundos de nosso imaginário, e ainda, que fizessem a ponte entre cultura científica e saberes plurais (no sentido antropológico).

Não temos aqui o propósito de desenvolver a metodologia e a epistemologia transdisciplinares, mas temos conhecimento, por seu intermédio, da possível resposta. Estes domínios são fartamente comentados aliás. Contudo achamos que o agora clássico tríptico da complexidade, da lógica do terceiro incluído e dos diferentes níveis de realidade exigia a inclusão da noção de paradoxo, tão apreciada por Barel.

Finalmente, na medida em que a epistemologia transdisciplinar se coloca como capacidade de criar pontes entre domínios contraditórios, devemos postular sua aptidão para distinguir e para ligar as epistemologias holistas, positivistas e construtivistas. Isso, indiretamente, nos remete à noção de 'níveis de realidade' trazidos por leis diferentes, assim como ao imperativo de recompor um modelo do homem global capaz de distinguir melhor os diferentes níveis do 'sujeito', do 'objeto' e da relação entre eles.

Para clarificar nosso questionamento pareceu-nos importante voltar ao paradoxo da imagem, na medida em que é exatamente a negação do papel mediador da alma e do imaginário que parece desencadear a separação, depois do século XIII, do corpo e do espírito, do conhecimento e da revelação, da ciência e da religião, o que, ao contrário, pode esclarecer a postura transdisciplinar atual. Paralelamente, nossa própria marcha onírica, apesar das dúvidas múltiplas que cria, nos confirma a importância fundamental do vivido imaginal, tornando possível a experimentação – realmente reprodutível de um certo número de etapas específicas de cada um dos níveis de realidade, deixando para trás o quadro da única perspectiva diacrônica.

Para criar um apoio melhor para nosso procedimento iremos, temporariamente, desenvolver o relato da Gênese bíblica, o que terá a vantagem de abrir um pouco o espaço do imaginário para um texto que, de outra forma, ficaria saturado de um falar pobre de evocações.

Um drama que acontece no céu?

O mito da criação de Adão dá efetivamente oportunidade para uma outra visão, que podemos supor meta histórica e sincrônica do homem. Ele nos ensina que este foi criado macho e fêmea (Gn 1, 27), a criação do 'homem de cima' trazendo em seu seio uma dúvida tácita (Gn 1, 26). Com efeito, Elohim parece implicitamente se questionar: Faremos Adão à nossa imagem, à nossa semelhança? Em seguida ele parece ordenar, dando sua resposta: "Elohim cria Adão à sua imagem, à imagem de Elohim ele o cria". (Gn 1, 27)

Esta última frase, por sua estrutura em espelho, confirma seu interesse. Se Adão, macho e fêmea, foi criado em primeiro lugar segundo a imagem, a *Imago Dei* verdadeira sugere duas polaridades exclusivas de nossa natureza humana, estabelecendo uma relação de inversão entre elas.

Esta relação supõe consagrar-se inteiramente à integridade da imagem antes de pretender uma possível semelhança, este último termo etimologicamente apreendido como expressão de uma similitude com o divino, produzindo uma ontologia integral.

A imagem, *tselem* em hebraico, é *tsel*, a escuridão, a profundeza obscura, o abismo de *mem*, as águas, necessariamente plurais como tantos níveis de realidade. A imagem, sombra das águas de Cima e das águas de Baixo, lembra também o lado feminino de Adão (a costela) da qual Eva foi retirada.

Voltar à fonte da imagem, à origem das águas, exige a integração plena do feminino, antes mesmo de poder realizar a contrapartida masculina. A mesma palavra, *tsela*, significa igualmente 'Coxo', insistindo sobre a desigualdade dos dois termos próprios a toda dualidade.

No episódio da tentação (Gn 3, 15), a serpente tem a missão de picar Eva no calcanhar, revelando a claudicação inscrita em germe na própria matriz que somente pode ser vencida se a serpente for visada na cabeça.

'Semelhança', *demut* em hebraico, se forma, por sua vez, com a raiz *dam* significando uma cor vermelho forte, lembrando o sangue e o silêncio. A semelhança perfeita poderia ser conseguida quando o ser humano tendo misturado a água e o sangue, no silêncio, manifestasse sua unidade?

Quando o tentador oferece o fruto proibido a Eva (Gn 3, 5) diz: "vossos olhos se abrirão e sereis como Elohim", promessa de um futuro dependendo de uma visão. O artifício proposto pela serpente consiste em insinuar ao princípio feminino, portador da imagem, sua capacidade para atingir diretamente a semelhança ("como Elohim"), sem, justamente, a mediação da imagem, da qual no entanto o feminino é portador. A serpente se coloca como barreira às núpcias de Ish e Isha pela negação da imagem, criando a ilusão de uma possível unidade que dispensaria esta imagem. Este acesso direto à transcendência, negando a imanência através da pura intelectualidade (é a cabeça da serpente que precisa ser vencida ou mais exatamente talvez sua língua bífida), rejeita a sensibilidade, a estética, o amor, o sofrimento que interiorizam e levam o indivíduo a ir sempre mais longe em seu ser interior.

O desterro, iniciado pela sugestão da serpente e consagrado pela parte feminina, afasta do Éden, oferecendo a dualidade do bem e do mal para ser consumada. Felizmente esse ato possui um remédio, apreensível como 'novo nascimento' e não-dualidade, recompondo uma primeira androgenia capaz de (re)conduzir à segunda androgenia, na qual masculino e feminino realizam o nascimento da unidade ontológica não pluralizável. De carne e de sangue, o sujeito deve renascer da água e do fogo como criatura espiritual, depois como 'única' (como 'deus pessoal', retomando Corbin).

A primeira etapa deste processo supõe que a 'nova Eva' realize sua vocação que impõe a realização de uma natureza virginal capaz de se deixar auto-fecundar pelo espírito (em outras palavras, pelo anjo Gabriel, que sabemos, graças aos trabalhos de Henry Corbin novamente, se manifesta por duas funções, a de conhecimento e a de revelação precisamente).

Parece, portanto, que realmente existe homologia entre 'o drama vivido no céu' e o que podemos apreender da ruptura epistemológica produzida no século XIII. Nas duas situações, o imaginário é negado. Sem dúvida, não é secundário, neste novo século que se inicia, que o mesmo questionamento se imponha no momento exato em que a reflexão transdisciplinar se desenvolve. Bem mais, a imagem, frequentemente desvalorizada pela mídia ou pela informática intercaladas, ocupando entretanto todo o espaço, seja cinema, televisão, informática, publicidade ou histórias em quadrinhos, está sujeita a todas as ambiguidades, clamando por um novo conceito.

O conceito da imagem como novo paradigma?

Acabamos de constatar que há alguns séculos, a imaginação foi muito mais qualificada, pelo dualismo e depois pelo positivismo intercalado, de sonho, de ilusão, de fantasmagoria, de alucinação ou de censura neurótica (Descartes, Spinoza, Freud...) do que de aptidão para o conhecimento e de espelho de revelação.

Descobertas recentes vêm, de algum modo, restabelecer esse prestígio particularmente sem brilho: os 'thêma' imaginários (G. Holton), as bacias semânticas (G. Durand) demonstram toda a importância do imaginário na própria raiz dos conceitos teóricos da pesquisa científica. Michel Jouvet lembra a incidência dos sonhos na informação comportamental genética que estaria ligada à maturação do cérebro. Haveria uma possível relação entre genética, neurofisiologia, onirismo e cognição?

O sonho, da mistura mórbida e patogênica das representações confusas, identificadas consigo mesmas, negando tudo o que não são, poderia fazer brotar o tecido sadio da imaginação criativa, aquela mesma que se tece no mais profundo de nossa vida colocando-nos em contato com a realidade mais sutil.

A fim de elucidar um pouco mais esse movimento que se curva à interiorização do olhar, o conceito de 'mundo imaginal', tão precioso a Corbin, como "lugar onde se corporificam os espíritos e onde se espiritualizam os corpos", me parece essencial se supomos uma fenomenologia do espírito não hegeliana, na qual a forma imaginal ocuparia a função de espelho e de vestimenta angelofânica ou teofânica.

Além da mera descrição aproximada dos objetos materiais ou da mera censura neurótica, sonho e imaginário mostram-se capazes de manifestar uma relação com a essência. Qualquer imagem, qualquer símbolo fica aqui possivelmente inscrito no jogo dialógico, para usar a própria expressão de Morin, entre visível e invisível, determinado e indeterminado, significante e significado, singular e universal, conhecimento e revelação.

Se, para Bachelard, imaginar é lançar-se para uma vida nova e viajar, sonhar sua vida e viver seus sonhos possuem, sem sombra de dúvida, o sentido de peregrinação, de busca e de oportunidade de novo nascimento, ajudando na transposição dos limites terrestres de toda vida.

Para Corbin, o conhecimento resulta de uma revelação interna divina (*kashf ilâhi*) e não de uma simples reflexão teórica. O ser revelado (*zâhir*) é imaginação teofânica e, simultaneamente, sua verdadeira realidade oculta se afirma como ser divino. Como o ser revelado é imaginação, uma hermenêutica das formas manifestas lhe é necessária de modo a reconduzir estas formas à sua verdadeira realidade. A superioridade do sonho sobre os dados positivos da consciência desperta está bem aí, exigindo uma interpretação que ultrapassa os dados, porque as informações dos sonhos significam uma coisa diferente do que aparece.

A natureza essencial do sonho e da imagem, ao mesmo tempo, subjetiva e objetiva, supõe a manifestação de uma articulação, de uma ponte entre graus diferentes de nossa realidade complexa. Essa função renovada 'de espaço' poderia aqui responder à ruptura epistemológica, tendo apagado a mediação da alma imaginativa. Mas, não se trata de retornar a um conceito holista. A unidade contraditória entre objeto e sujeito anuncia a chegada de um novo paradigma e de uma nova organização do pensamento e da imaginação.

Caminhando para a visão devolvida

Eis aqui todo o interesse da proposição transdisciplinar e de seus instrumentos metodológicos, capazes de responder, a nossos olhos, aos desafios colocados pelo paradoxo do contraditório e pela complexidade tão preciosa a Morin ou Dupuy. Sabemos que a lógica do tipo terceiro incluído evocada por Lupasco ou Atlan constitui a base de novas possibilidades de racionalizações, tornando-se aptas à construção das pontes. Mas a noção de níveis de realidade, ao contrário, frequentemente sugerida, acha-se raramente explicitada, pelo menos quanto ao que sabemos, se eliminarmos alguns trabalhos como os de Nicolescu, por exemplo, cuja reflexão enraiza-se na física quântica. Se o autor de *O Manifesto da Transdisciplinaridade* faz sua modelização repousar sobre as ciências chamadas 'duras', nossas próprias pesquisas no campo das ciências humanas, da medicina, da antropologia e da simbologia nos levam à evidência de que existem, por intervenção do isomorfismo, alguns invariantes culturais do qual o imaginário, precisamente, é testemunha. Esses invariantes antropológicos, inevitavelmente constatados em vários campos tradicionais ou contemporâneos, orientais ou ocidentais, do 'Norte' ou do 'Sul', permitem a recomposição do conceito de homem global e podem, graças à mesma modelização, inscrever muitas partições deslocando as bases da medicina chinesa, da ioga tântrica, da Árvore da Vida da Cabala ou da alquimia ocidental, por exemplo, de forma a fazer pontes.

Mas, além de uma possível comunicação transcultural e de todos os novos aspectos que descobrimos através do jogo do isomorfismo e das relações, não nos parece que essa modelização deva permanecer no simples campo da antropologia. Graças à epistemologia e à metodologia transdisciplinar, parece-nos possível hoje produzir uma pesquisa no domínio das disciplinas de forma a fazer passarelas, a reunir sem que haja redução dos saberes fendidos. A viga mestre desta articulação reside na descrição precisa, provada, depois teorizada, de cada um dos níveis de realidade.

Contudo, para ser real, esta descrição deve poder ser experimentada pela maioria. Essa verificação, pela própria definição, se ergue sobre o paradoxo da relação entre interioridade e exterioridade. Postular níveis de realidade diferentes e discrimináveis por leis que lhes são específicas supõe uma epistemologia da ruptura impondo o desenvolvimento de uma outra *sensorialidade* diferente de nossos meios de observação habituais. Trata-se de encontrar nossos sentidos, não somente de fora mas de dentro, para submetê-los, por sua vez, a critérios de cientificidade que precisam, em grande número, ser especificados. Esta *sensorialidade* sutil foi particularmente sugerida nos trabalhos de Henry Corbin. Também a descoberta de níveis no interior do vasto repertório das imagens (Durand, Alleau...) ou algumas pesquisas filosóficas (Kirkegaard, Merleau-Ponty...) recompõem uma fenomenologia da percepção e um caminho de ontogênese, graças aos quais o ser poderia se tornar manifesto como epifânia. Este direcionamento, que em certa medida nossa moderna sociedade pareceu ter perdido, impõe ao pesquisador um 'trabalho' sobre si mesmo e não somente sobre o objeto de sua pesquisa. Proporcionalmente às mudanças de percepção e de representação, o conhecimento evolui e sofre uma metamorfose pela transformação de si mesmo e do autoconhecimento. O mesmo objeto se descobre sob ângulos diferentes. Mais exatamente, a (re)descoberta dos mundos que compõem o imaginário, ligada a modos de percepção diferentes, surge como um dos maiores desafios do século XXI.

A redescoberta do 'mundo imaginal' é uma injunção transdisciplinar fundamental, na medida em que esta ilustra, por excelência, a expressão de um 'estado T' como lugar de semi-atualização do espírito e de semi-potencialização do corpo. Graças a ele, o transcendente pode ser verificado como vestígios no imanente, este último revelando, através do jogo de espelho, o caminho para o transcendente. O imaginal, exatamente como local desta comunhão, exige o encontro, antes de tudo, da realidade de um *corpus spirituale* expresso pela concepção virginal. A tradição alquímica que pontuou nossos próprios sonhos, assim como a gnose islâmica, tão apreciada por Corbin, até mesmo os pontos de vista indiano, budista, chinês, judaico e mesmo cristão, são particularmente explícitos a este respeito. Mas nossa visão focalizou-se de tal forma na exterioridade que esquecemos nossas raízes, de onde o drama de nossa sociedade. O espelho imaginal oferece-se a nós como 'visão devolvida' (Schipper) ou interior, para usar uma expressão taoísta. Esta visão, dirigida para dentro, permite o acesso à nossa verdadeira Forma (*Imago Dei*). Lima de Freitas em um de seus últimos trabalhos, *515, Le lieu du miroir* (515, O lugar do espelho), não estava errado quando estudou Dante a fundo.

Para Corbin ou Barel, o 'mistério dessa conjunção' surge como um parto criando uma nova 'matéria', um novo 'corpo'. Ao mesmo tempo esse estado particular se percebe como ganho cognitivo e revelação da natureza do ser, como autonomia e como individualização verdadeira, sujeito, que distinguimos radicalmente de um individualismo egocentrado, próprio dos Tempos modernos.

O mundo novo convoca um indivíduo renovado que não privilegia nem um deus em detrimento do homem, nem o homem em prejuízo da natureza, nem da sociedade, nem do indivíduo. Ética e liberdade tornam-se os referenciais internos logo que a pessoa integral é restaurada pela imaginação criadora. Esta restituição inverte a tendência nihilista contemporânea.

Mundo da imagem sensível e universo da imagem

metafísica para comunicar supõem a descoberta de um novo continente, "lugar dos acontecimentos visionários e dos da escatologia" (Corbin).

Sem este 'intermundo', a sensação como a imaginação ficam susceptíveis a enganos e não podemos criar a menor certeza. Sem acesso ao 'mundo imaginal', a história se resume à diacronia de uma sequência de acontecimentos sem sincronicidade e sem nenhuma trans-história possível. Qualquer busca espiritual sem esta mediação é apenas crença ou dogma.

A questão transdisciplinar e transcultural como possível diálogo entre disciplinas ou entre artes, ciências, tradições e religiões sugere o imperativo de redefinir o conceito do imaginário. A 'ressurreição do sujeito' passa pela redescoberta de um mundo imaginal como local dos acontecimentos da meta-história e como campo cognitivo e experimental dos diferentes níveis de realidade. A transformação consequente, pessoal e ética, seria, sem sombra de dúvida, capaz de vencer a desilusão fundamental de nossa sociedade e permitiria dar um novo sentido aos atos políticos. Toda doença, para parafrasear Paracelso, quer seja do organismo físico ou social, tem seu remédio. Essa segurança está hoje renovada pelas propostas de um médico sonhador.

O educador que trabalha na formação de adultos como homem do futuro

René Barbier

Resumo

Os temas considerados neste artigo apóiam-se em nosso caminhar intelectual e espiritual de quarenta anos e na formação permanente de adultos, na qualidade de responsável pedagógico por um diploma universitário de educadores que trabalham com formação de adultos (Dufa), há cerca de vinte anos na universidade Paris-VIII.

O educador que trabalha com formação de adultos é um *educador* que questionou as imagens do instrutor, do docente e do educador em si mesmo. A sociedade educativa de seu tempo lhe incutiu representações essenciais e funcionais. Ele precisou realizar uma espécie de *extirpação intelectual* para se formar, indiretamente, através de alguns encontros humanos e sociais 'de homens notáveis' e muitas vezes marginais.

Ele passou por vários tipos de questionamentos por ocasião de sua *autoformação*: um questionamento sobre os saberes, um questionamento sobre as habilidades, um questionamento sobre como-se-situar e um questionamento sobre saber-ser.

Três tipos de *dúvidas* o animam permanentemente:

1. *Uma dúvida científica* sobre os saberes que pretendem explicar o real humano.

2. Uma *dúvida metodológica* sobre 'o método válido' para aproximar a relação ao saber, ao saber-fazer, ao saber-se-situar e ao saber-ser dos formados.

3. *Uma dúvida ontológica* que faz com que ele questione a si mesmo sobre a própria identidade e seu próprio conhecimento do

que quer dizer 'viver e morrer'.

Como educador ele procura articular, em uma *dialógica radical*, os múltiplos saberes e o conhecimento de si. Esta dialógica radical faz a ligação, de um lado, do sentido da meditação sobre o não-pensamento e sobre o não-ser e, por outro lado, o sentido da cultura tecida pelos múltiplos saberes sociais, econômicos, políticos, filosóficos, religiosos, científicos, artísticos e literários.

Fazendo-o, ele se descobre como um buscador e um *transmissor de sentido* que caminha em um 'processo' de criação e de finitude, de estruturação, desestruturação e restruturação do mundo.

No fim desse caminho de atualização e de potencialização do silêncio interno e da atividade externa, ele se transforma e atinge um *ponto T de existência* onde ele supera o desejo de formar e de se formar, para simplesmente estar, tanto no momento presente como presente em si mesmo, tanto no outro como no mundo, tanto na vida como na morte como duplo mistério indissociável.

Nesse momento de existência ele fica 'aberto' a tudo que aparece, em uma poética existencial que o anima permanentemente para o melhor e para o pior.

Desde o início dos anos setenta, quando tomei a decisão de inscrever minha atividade de docente do ensino superior na formação de adultos, nunca deixei de me interrogar sobre a dificuldade de dar sentido à palavra 'educador'. O educador que trabalha com formação de adultos representaria uma das figuras de um educador de amanhã?

A pessoa que trabalha com formação de adultos é um educador

Esta denominação pode parecer simples demais e mesmo evidente. Isto é desconhecer a complexidade do termo 'educador'.

O educador não é o instrutor

O instrutor, por exemplo o instrutor militar, não se preocupa com a educação. Seu objetivo é limitado e preciso. Trata-se de ensinar um tipo de conhecimento ou de habilidade, em geral muito funcional, a uma categoria de pessoas consideradas como destinatárias legítimas por um sistema de ensino apropriado. O instrutor militar ensina assim a técnica de emboscada ou o manejo do fusil de investida aos jovens recrutas. Ele não propõe a reflexão sobre o bom fundamento de tal aprendizagem. Ou melhor, toda discussão a esse respeito será considerada perigosa para a instituição do Exército. Foi preciso muito tempo para que os que se recusam a prestar o serviço militar encontrassem finalmente um estatuto legal.

Mesmo em seus aspectos mais técnicos, o educador que trabalha na formação de adultos não pode ser um instrutor. Se ele pretender ensinar a tecnologia do computador, por exemplo, ele deverá deixar de lado seu papel de puro técnico e reconhecer que seu aluno não é um sujeito vestido com um uniforme, mas uma pessoa que resiste ou, como propõe Jacques Ardoino, que é capaz de negativismo, ou seja, de frustrar as estratégias de violência simbólica que o outro tenta colocar em prática quando o encontra[1]. O formador preocupa-se sempre com o imaginário da relação com o saber. O instrutor interessa-se somente pela dimensão funcional-real da transmissão de conhecimentos.

---

[1] Jacques Ardoino, *Éducation et politique, propos actuels sur l'éducation II*, Paris, Gauthier-Villars, 1977, rééd. Anthropos, 1999.

O educador que trabalha com formação de adultos não é um docente

O docente inscreve-se, imediatamente, no quadro de um sistema que o supera e do qual é um elemento constitutivo. Como professor, ele deve passar um discurso, um conjunto de conhecimentos que corresponde às representações da cultura legítima para um determinado grupo social, em um momento determinado da história política, econômica e cultural de uma época. Sabemos há muito que este 'sistema de reprodução' (Bourdieu e Passeron) já não corresponde hoje, em sua lógica interna, aos destinatários legítimos – os famosos 'herdeiros' – desse capital cultural. Os novos alunos, como os novos estudantes, já não têm a cultura erudita em virtude de uma legado familial. Sua subcultura é de um outro tipo e depende, em grande parte, de culturas mestiças e frequentemente desvalorizadas, do estado das relações de força entre os grupos sociais em uma economia de mercado, da forma como eles se organizam nas cidades para produzir uma cultura específica, dotada de uma linguagem conhecida apenas por eles. O escritor e produtor Alexandre Jardin, em seu filme *Le Prof* (abril de 2000), coloca boas questões a este respeito sem realmente conseguir que nós compartilhemos, sem dúvida porque disserta demais e não se insere devidamente na vida quotidiana dos escolas de subúrbio.

O docente é cada vez mais visto como um agente de um sistema institucional que reprova mais do que possibilita a integração, principalmente no primeiro ciclo do ensino secundário. Mesmo que os representantes dos alunos possam ser amplamente ambivalentes quanto a isso (fenômeno de atração-repulsão na relação com o saber), o docente continua marcado por seu posto na instituição. Para tornar-se realmente educador, o docente deve sair da categoria, questionar a instituição, sem com isso cair em um ilusório favoritismo com os alunos. Sua formação não o predispõe a esta mudança de atitude. Perguntem aos estudantes que preparam atualmente o concurso para docente de nível superior, qualquer que seja a disciplina, em que eles foram preparados para enfrentar o negativismo de seus futuros alunos. Eles precisarão de muita inteligência prática e senso de mediação para sair-se bem em seu primeiro trabalho na escola. Eles deverão perceber que sua formação ultradisciplinar e erudita, tanto quanto possível, não tem nenhum valor para fazer frente aos alunos que lhes falam com um código cultural totalmente desconhecido, nos fatos, nas referências, nos gestos, nas atitudes e na linguagem.

Realmente, os docentes mais qualificados hoje, na ordem acadêmica, são os menos qualificados na ordem escolar e pedagógica. Sem dúvida, os docentes concursados de nível superior estão preparados para tornarem-se docentes-pesquisadores na universidade, mas eles terão que se (re)formar para ensinar na escola, qualquer que seja o grau. Os mais jovens deles, aliás, não deixarão escapar a ocasião e serão 'monitores' do ensino superior. Os docentes concursados para o ensino secundário, pelo fato de terem passado pelos IUFM considerados por ensinar-lhes a realidade pedagógica prática e atualizada terão, talvez, mais possibilidade de sair-se bem.

O educador que trabalha com formação de adultos não é portanto um docente, no sentido estrito do termo. Ele deve, ao contrário, fazer de forma que essa imagem fique desembaraçada de suas vestes acadêmicas. Ensinar para adultos supõe que a imagem e as práticas clássicas do docente tenham sido totalmente questionadas.

Essa atitude é tão válida que os educadores que trabalham com formação de adultos, ao contrário, têm êxito na universidade, desde que tenham adquirido a bagagem cultural na disciplina de sua escolha. Pois – não tínhamos esquecido? – o estudante é igualmente um adulto.

Em que o educador que trabalha com formação de adultos é um educador?

Ele o é pela formação que ele mesmo se deu. Esta é quase sempre transversal e transdisciplinar. Ao contrário do especialista, o educador que trabalha com formação de adultos se instruiu mais do que foi instruído. Sua formação resulta de múltiplos empréstimos esclarecidos e trabalhados. Como diz Gaston Pineau, a formação não é simplesmente escolar, acadêmica, nas instituições apropriadas, ou seja, do tipo de uma 'heteroformação'. Ela é igualmente e muitas vezes de forma determinante, o resultado de uma 'formação noturna', de uma 'autoformação', pela passagem pela vida profissional fora da escola e pela vida associativa, sindicalista ou política. O educador que trabalha com formação de adultos aprendeu, em seu percurso de formação, o sentido da complexidade e de uma relação com o saber que não exclui a questão, muito íntima, da relação com o conhecimento de si. Essa vida itinerante permite que ele encontre pessoas com seu contexto e com sua linguagem. Ele aprendeu a ouvir antes de falar. A reconhecer sua ignorância antes de parecer sábio. Tornou-se, com a idade, um 'transmissor de sentido', como gosto de lembrá-lo.

O que é um transmissor de sentido?

O educador que trabalha com formação de adultos como transmissor de sentido

O educador que trabalha com formação de adultos

como 'transmissor de sentido' acordou, no decorrer de seus inúmeros caminhos de formação, para três tipos de dúvida: uma *dúvida científica,* uma *dúvida metodológica* e uma *dúvida ontológica.*

A dúvida científica

O educador que trabalha com formação de adultos é, por experiência, pluridisciplinar e transdisciplinar. Seus inúmeros contatos com a realidade fizeram com que descobrisse que uma única visão em ciências humanas nunca poderia esgotar a realidade em seu movimento permanente e incerto. A exploração de diversas ciências humanas e sociais que teve que fazer lançou-o na dúvida. No que diz respeito a uma única disciplina, rapidamente percebeu correntes diversas percorrendo-a, oposições, às vezes árduas, animando-a. Pouco a pouco, teve uma idéia da corrente disciplinar que, em uma única ciência, parece-lhe a mais apropriada aos fatos que encontra em sua prática profissional. Ora, esta última obrigou-o a ampliar seu ponto de vista e a recorrer a outras disciplinas e mesmo outras visões do mundo não-racionais, mais imaginárias e poéticas. A partir desse instante, o educador que trabalha com formação de adultos contesta toda palavra de verdade como certos eruditos dogmáticos sabem muito bem dominar. O real parece-lhe mais profundo, mais complexo que qualquer explicação científica a seu respeito. A ciência, afinal, fornece apenas uma interpretação do real que ela denomina realidade objetiva. Mas, qual é a realidade objetiva de um *quark* ou da ligação do bebê com sua mãe? Da pessoa que vai morrer em alguns minutos ou daquela que sofre com a perda de um ser amado? Que ciência pode sair-se bem com este tipo de fato material ou psicológico?

A dúvida metodológica

Mais ainda, como abordar o fato humano sem traí-lo? Como escutar e entender o que é da ordem do imediato, do efêmero e do não-permanente?

Rapidamente, o educador que trabalha com formação de adultos percebe a fragilidade de todos os métodos de pesquisa em ciências humanas. Não que os abandone, mas coloca-os em seu devido lugar: o da descoberta de parâmetros que tragam segurança diante do medo do desconhecido. Ele sabe que a formação de adultos pressupõe uma abertura sem interrupção para o não-saber e para o não-saber-fazer. Um gosto pela improvisação. Um não-medo diante da compreensão do outro.

A dúvida ontológica

Este processo que o arrasta na complexidade da vida educativa o recoloca essencialmente em questão. Trata-se, na verdade, de uma extirpação de todas as suas certezas familiares, sociais, filosóficas, epistemológicas. Cedo ou tarde, o educador que trabalha com formação de adultos se vê confrontado com a realidade de seu próprio ser. Quem é ele, para onde vai, o que quer em última análise? De que tem medo? Do que quer fugir? Que sistema de poder coloca em prática para se proteger? O que o leva a ter a pretensão de formar alguém? De quem e por meio de quem é legítimo? Que palavra defende e para qual função social? Para quais interesses dos quais é apenas uma engrenagem inconsciente?

Os educadores que trabalham com formação de adultos que deixarem sua função neste momento porque responderam negativamente a todas estas perguntas são, sem dúvida, os melhores e os mais corajosos.

Talvez sejam ainda os mais competentes na educação de seus filhos?

Porque eles são realmente educadores.

O educador visa questionar alguém (e a si mesmo) sobre a maneira com a qual ele se educa concretamente ao longo do tempo.

Educar-se é o ato de uma pessoa que luta consigo mesma e com a realidade. Educar-se quer dizer dar um sentido à vida através do encontro e do diálogo com os diferentes saberes e habilidade relativa ao capital cultural da humanidade. Educar-se quer dizer, igualmente, abrir-se para o próprio questionamento e acessar o conhecimento de seu ser essencial através dos sofrimentos e das alegrias da vida diária e no encontro com o outro e os outros. Mais ainda, educar-se pressupõe uma dialógica permanente entre as duas áreas da educação que mantêm-se em uma espécie de lógica da bipolaridade antagônica e complementar tão apreciada por Stéphane Lupasco: uma interpelação dos saberes e das habilidades pelo conhecimento de si e uma interpelação do conhecimento de si pelos saberes e pelas habilidades. Neste plano, o educador é um ser em movimento, sempre em estado inacabado. Todo educador está necessariamente em estado de neotínea ontológica. Tornar-se o próprio autor de sua vida material, intelectual e espiritual constitue seu impulso básico. Aquele sentido da 'autorização' do qual Jacques Ardoino fala desemboca, para mim, em uma dimensão mais importante: a autorização *neótica*, ou melhor, tornar-se o próprio autor de sua vida espiritual concebida não como a exigência de um dogma ou de um ritual religioso, mas como uma experimentação incessante de realidade da qual nunca vemos o fim. Podemos ver este processo trabalhado em muitos de nossos contemporâneos, considerados homens notáveis, como Carl Gustav Jung, Sri Aurobindo Ghose ou Jiddu Krishnamurti, sem falar em muitas outras pessoas, visto que aceitamos questioná-las a este respeito (Joëlle Macrez[2]).

O educador que trabalha com formação de adultos e o 'ponto T de existência'

Todo ser humano elabora uma representação do que é. Para ele a vida nesta Terra continua sendo muito misteriosa e ele persegue sem cessar suas profundezas abissais. Para tanto, ele usa o canal da ciência e da tecnologia, da literatura, da arte, da mística e da reflexão filosófica. Este confronto com a vida lhe fornece as bases de sua identidade radical e ontológica. Sem esta identidade, o ser humano não pode conhecer o sentido de sua vida aqui na Terra. Este processo de encontro com o mundo, além da fusão com a *imago* materna do *infans*, é igualmente um processo de emergência de seu próprio ser. O ser humano percebe assim que tudo é relação e, como dizem os psicanalistas, "tudo é linguagem" (Françoise Dolto). Cada percepção, cada conceito ou símbolo como cada interpretação, depende de uma posição em um campo de posições. A única maneira de saber consiste, então, em entrar em relação com toda lucidez e em tornar a situar esta relação em um campo de relações mais amplo. Levado ao extremo, o campo de relações é constituído pelo universo em seu todo. Nenhum elemento existe em si no universo. Ele é *relacionalmente* produzido em uma interação permanente com os outros elementos. O que faz sentido não é, portanto, o elemento extraído convencionalmente de um conjunto de elementos, mas o sistema de relações que este elemento mantém com a totalidade de seu meio ambiente,

[2] Tese em andamento sobre 'a autorização noética em educação', Universidade Paris VIII, Ciências da Educação.

do mais próximo ao mais afastado. Esta perspectiva epistemológica funda a ecologia e permite a compreensão da pertinência, nas ciências humanas, de algumas teorias hoje atualizadas como o *interacionismo simbólico* ou a etnometodologia, por exemplo. Em trabalho recente, Gregory Bateson, abrindo-se para uma filosofia oriental da vida, fala da *unidade sagrada* ligada à sua *ecologia do espírito*. Ele dá um exemplo claro do caráter essencial da relação entre os objetos falando de uma moringa em cima da mesa. Trata-se de um entrelaçamento de diferenças que exprime a simples existência da relação e não radicalmente dos elementos que parecem separados[3] .

Mas, esta epistemologia é trágica, pois, para lembrar o aforisma de René Char, "a lucidez é a ferida que chega mais perto do sol", a lucidez preconizada aqui leva ao não-saber do mundo e de si mesmo. Somos e continuaremos a ser, ainda por muito tempo, um mistério no mundo e para nós mesmos.

A 'ferida' que temos que 'curar' imaginariamente, é a realidade visível da morte e da fragilidade de nossas realizações e de nossos poderes sobre o mundo. Na verdade, ela representa uma ferida que ninguém pode fechar em nossa esfera de pensamento. O que resta é apenas, estoicamente como os estóicos de Atenas do século III aC, ver em frente "o Abismo, o Caos, o Sem Fundo" (C. Castoriadis) e continuar de pé. Ela cria, em grande parte, a derrota moral e intelectual de nosso mundo ocidental que, justamente, orientou a quase totalidade de sua existência para a negação desta ferida.

Mas é a ferida "que chega mais perto do sol", pois o sofrimento que provoca, quando reconhecida, é tão grande, que nos obriga a ir além do não-sentido. Chegamos

---

[3] Gregory Bateson, *Une unité sacrée. Quelques pas de plus vers une écologie de l'esprit*, Le Seuil, 1996, p. 381.

hoje a este ponto de não retorno em nossa civilização planetária. É exatamente o que propõe o mestre zen em um *koan* ou um *mondo* a seu discípulo. "Qual é a essência da *budeidade*?" pergunta este último, e o mestre responde; "O cipreste está no meio do jardim."

Uma representação da vida

Neste ponto eminentemente pessoal, cada educador, cada pesquisador em ciências humanas deveria, sem dúvida, concordar em dizer qual é sua atitude filosófica. É a partir dela que o pesquisador organiza seu mundo e entra em relação. É muito importante observar, por exemplo, que Gregory Bateson terminou sua existência em uma comunidade zen; que Rupert Sheldrake decidiu viver na Índia; que David Bohm escreveu um livro com a colaboração de Krishnamurti sobre os 'limites do pensamento' e que Fritjof Capra escreveu *O Tao da Física*.

Para mim, a Vida é a energia organizada que é ao mesmo tempo consciência. Não *consciência de* alguma coisa, mas Consciência de ser, ou seja, Consciência não intencional. Eu não "tomo consciência de" como um efeito de minha vontade, mas eu sou a própria consciência enquanto emerjo na vida real. Viver e ser consciente possuem a mesma natureza intrínseca e reciprocamente. No centro dessa presença no mundo, encontramos uma atitude meditativa, um silêncio interior e, mesmo a meditação filosófica mais ocidental, com base reflexiva, não é inútil[4]. O máximo de intensidade viva significa um máximo de intensidade de consciência. É o caminho de toda sabedoria realizá-la em uma existência terrena. Como afirma

---

[4] Ver o estudo de René Barbier no site CRISE, o mecanismo psíquico em educação, articulação da visão de Krishnamurti e da de Castoriadis, *http://www.fp.univ-paris8.fr/recherches/MecPsych.html*

Krishnamurti, temos necessidade da compreensão e da atenção para o que é e não da crença em idéias e em mestres. Essa Energia-Consciência[5] é, ao mesmo tempo, amor desinteressado e liberdade, com efeitos de criação e de destruição das formas fenomênicas em seu movimento permanente.

A Vida (ou o Ser) é essencialmente dinâmica e múltipla, o que não quer dizer que não seja Una, como o oceano ininterruptamente animado pelas correntes e pelas marés com um número infinito de ondas. Mas ela não é uma 'multiplicidade genérica' como pensa Alain Badiou em seu *Court Traité d'ontologie transitoire* (Breve Tratado de ontologia transitória)[6], mas sim a *unitas multiplex* de Edgar Morin. Esse dinamismo se exprime através de um duplo processo. Por um lado, atualiza forças potencializadas. Por outro, potencializa forças atualizadas. Mas, neste duplo processo ligado, nada se perde, nada se cria. Como *energia-matéria-consciência* (E-M-C) dinamizada pela velocidade da luz elevada ao quadrado, como demonstra a fórmula de Einstein ($E = MC^2$), a Vida, ou o Real, está desde sempre em um movimento permanente de atualização e de potencialização. Nunca houve Deus criador além do imaginário nesta representação do mundo. O big-bang, cuja suposta datação (quinze bilhões de anos) hoje vem a ser um problema para os astrofísicos em função da data de criação de algumas estrelas primitivas, é somente um epifenômeno de atualização em relação ao Real, mesmo que ele pareça ter produzido o que podemos perceber com nossos instrumentos sofisticados e no entanto insuficientes. Não existe nem paraíso nem inferno. Não existem outros mundos intermediários (anjos, demônios, entidades diversas) além daqueles criados por nossa imaginação. Mas

[5] Ver o estudo de René Barbier no site CRISE, o mecanismo psíquico em educação, articulação da visão de Krishnamurti e da de Castoriadis, *http://www.fp.univ-paris8.fr/recherches/MecPsych.html*
[6] Éditions du Seuil, 1998

é verdade que, se os criamos e se acreditamos neles, se os reproduzimos através de nossos sistemas educacionais, eles existem e têm efeitos sobre nosso mundo natural, social e simbólico. Por isso, como propõe Edgar Morin, devemos compreender e viver com nossos mitos e nossos símbolos. A maioria das seitas constrói sua autoridade sobre esta crença alimentada por todo um arsenal de rituais, de grandes mestres hierarquizados e de decoro espetacular e as legitimam. Neste aspecto, a sociologia é o escalpelo do sagrado instituído.

Existir consiste em atualizar o fluxo numênico da Vida. Nascer é o começo de uma existência fenomenal, de uma nova forma, ou seja, de um processo de atualização da energia. Morrer é seu fim, ou seja, sua potencialização. Esta energia-matéria-consciência extraordinaria e misteriosamente organizada, a que damos o nome de ser humano, existe, assim, do nascimento à morte através de toda uma série de atualizações e de potencializações energéticas do fluxo da Vida.

A morte singular, a 'morte íntima' – como dizia Marie de Hennezel[7] – de um ser humano, constitui em um primeiro tempo (agonia) uma formidável condensação da energia existencial que se potencializa à medida que o ser vivo se encaminha para a morte. É a fase de desapego das 'coisas da vida' que encontramos nos moribundos conscientes de seu fim próximo. Na hora da morte – aquele ponto virtual entre a potencialização e a atualização do Real –, tudo se passa como se a existência individual estivesse completamente densificada em um único ponto que potencializa todas as atualizações. É, então, o momento de uma possível dispersão, um 'big-bang' psíquico, que atualizaria de um único e mesmo golpe toda aquela energia potencializada. O budismo tibetano reconhece a importân-

[7] Marie de Hennezel, *La Mort intime*, prefácio de François Mitterrand, Robert Laffont, 1995.

cia desse momento e mostra isso nas etapas de seu *Livre des Morts* (Livro dos Mortos) e, porisso, a necessidade do acompanhamento do moribundo por uma pessoa desperta. Não é aquilo que vivem aqueles que voltaram das *Near Death Experiences* (N.D.E.), daquelas 'experiências no limiar da morte', quando eles falam de uma Claridade intensa e generosa?

Coloquemos o postulado que a realização do sábio – o Despertar – seja a tomada de consciência da Consciência-energia, que se atualiza totalmente na hora deste ponto virtual vivido em sua dimensão simbólica e psíquica, na própria existência. Trata-se realmente de uma experiência de morte psíquica do ego. Se o Despertar for integral, não haverá resíduo. Neste caso, o 'sonho de vida' já não existe. É a libertação, o *Nirvilkal-pasamadhi* da tradição brâmane, a acolhida do Nirvana, a realização do 'pensamento do não-pensamento' (*hishiryo* na tradição japonesa) do 'liberto-vivo' que, na tradição budista, não mais irá reencarnar. Filosoficamente, ele permanecerá para todo o sempre no universo numênico, mas como qualificar este 'ele' do qual falo? "Aquilo do qual não se pode falar, deve-se calar", como escrevia Ludwig Wittgenstein em seu *Tractatus logico-philosophicus*...

Alguns libertos-vivos aceitam, por compaixão, retardar sua imersão total no Real para ajudar os seres que sofrem com a ignorância. São chamados os *bodhisattvas* na tradição oriental.

O amor humano baseado no desejo é uma manifestação deste duplo processo de potencialização e de atualização da Vida. O desejo é o motor da atração e da repulsão, do prazer e do sofrimento, cujos elementos se superpõem sem esconder completamente a atualização e a potencialização existenciais.

O que empurra um ser humano para outro ser humano é o que parece lhe faltar, mas, de fato, é o que é potencializado nele. A noção de 'falta' em psicologia das profundezas está ligado à ignorância da realidade ontológica. Para o sábio, paradoxalmente, tudo é vazio, mas nada falta.

Em um dado momento de seu aprofundamento, o educador que trabalha com formação de adultos atinge o que chamo seu 'ponto T de existência'.

Trata-se de um ponto de equilíbrio no desequilíbrio de toda vida em ação: equilíbrio entre o corpo e o mental; equilíbrio entre a razão e o imaginário; equilíbrio entre o pensamento e o sensível; equilíbrio entre o espiritual e o material; equilíbrio entre o futuro e o passado no presente recomposto; equilíbrio entre a temporalidade e a instantaneidade; equilíbrio entre o grupo e a pessoa; equilíbrio entre a vida externa e a vida interior; equilíbrio entre seu princípio masculino (*animus*, yang) e seu princípio feminino (*anima*, yin); equilíbrio entre seu *homo demens* e seu *homo rationalis*; equilíbrio entre a assunção da ignorância absoluta e a da verdade relativa.

Evidentemente, esse estado T de equilíbrio é somente um ponto virtual. Na vida real, a existência procura sem cessar realizar este ponto T no próprio centro de um desequilíbrio permanente de toda vida em ação. O confronto com os desejos de si mesmo e dos outros, o encontro das experiências de realidade, as eventualidades dos acontecimentos repentinos, colocam em dúvida e relativizam toda certeza neste domínio. Contudo, o educador que trabalha com formação de adultos que se aproxima de seu ponto T de existência parece estimulado por um princípio que dou o nome de 'princípio de sensibilidade'.

O 'princípio de sensibilidade'

Podemos imaginar vários modos de colocar princípios

eticamente válidos em educação. Hans Jonas fala do 'princípio de responsabilidade' para os cidadãos do mundo. Ernst Bloch formula o 'princípio esperança' para nos tirar do isolamento do fatalismo social. Freud exprime o 'princípio de Nirvana', o 'princípio de prazer' em sua economia da energética sexual. Pessoalmente proponho o 'princípio de sensibilidade' para tudo o que diz respeito às situações educativas[8].

Ele tem dez pontos chave:

1. A atencionalidade ao invés da intencionalidade: fixar-se solidamente na atenção e na presença momentânea; desenvolver uma visão de ligação holística, visando o total, complexo e processual em toda situação. Criticar todo projeto que ridicularize a unidade do ser vivo.

2. O simbólico da vida: saber existir de acordo com a lógica da troca simbólica no instante da relação com o mundo e com os outros: dar, receber, soltar. Saber "habitar poeticamente o mundo" (ver Hölderlin e Heidegger).

3. Vibrar: aceitar ser afetado pelo que é, sem *a priori,* ou seja, sem dados anteriores à experiência (beleza, feiura, crueldade, bondade...). O sorriso da Gioconda é magnífico, mas a forma ouriçada do virus da Aids é igualmente de uma beleza terrificante.

4. Ser seu corpo: saber observar o sensorial e o imaginário (ilusório e criador) em si como no outro.

---

[8] René Barbier, *L'Approche Transversale, l'écoute sensible en sciences humaines*, Paris, Anthropos/ Economica, col. "Exploration interculturelle et sciences humaines", 1997. Ver também o site de nosso centro de pesquisa CRISE: *http://www.fp.univ-paris8.fr/recherches/accueilCRISE2.html* e meu site pessoal em vocação poética e antropológica: *http://www.fp.univ-paris8.fr/recherches/pagepersoRB.html.*

5. Libertar-se do medo do desconhecido e saber jogar com o humor. Compreender o sentido da improvisação mito-poética como superação da angústia da morte e criação de um ser aberto para a vida.

6. Não ter receio de ceder às emoções (risos, choros) quando elas acontecerem, mas não ligar-se a elas e não reforçar o espetacular do emocional.

7. Refletir sobre a diversidade da vida em termos de bipolaridade antagônica e de visão paradoxal (como propõem tanto a escola de Palo Alto, quanto Stéphane Lupasco ou as sabedorias chinesas tradicionais).

8. Aceitar incondicionalmente o outro em uma 'onda de compaixão' permanente, a ser descoberto na ação, no comportamento e na atitude justos.

9. Partir do princípio de congruência em relação a si mesmo, abrindo-se para a mediação/desafio em relação aos outros.

10. Deixar vir a nós *O Grande Azul:* saber viver e meditar no silêncio das grandes essências sem imagem nem conceito, antes de qualquer ação ou palavra.

Enfoques da sensibilidade

A sensibilidade deve se distinguir da emoção, da paixão e do sentimento. Podemos defini-la, muito resumidamente, pelo 'que dá sentido a todos os sentidos':

✓ sentido como universo de significados existencialmente encarnado e não susceptível à uma explicação, mas somente à uma compreensão multi-referencial e transdisciplinar a partir de uma implicação pessoal;

✓ retorno ao corpo e aos cinco sentidos, recuperar diariamente 'a pele e o tato' (Ashley Montagu);

✓ a capacidade para ser 'afetado', para se sensibilizar afetivamente, para entrar em *sintonia* emocional (Jacques Cosnier);

✓ a capacidade para compreender o outro e o mundo pelo co-nascimento, pela 'co-naturalidade' (J. Maritain) porque somos feitos da mesma substância sob nossas diversidades, unidade do gênero humano. Em direção à uma visão holística e ligada à vida;

✓ a capacidade para entrar em um sentimento singular que englobe mas supere a emoção e os afetos. Um sentimento concebido como esquema integrador de toda confusão afetiva, pela alteração do sistema de referência, pela descentralização e faculdade de nos reposicionar na relação perturbadora (escola de Palo Alto);

✓ poder deixar o 'já conhecido', largar, 'livrar-se do conhecido' (Krishnamurti);

✓ ver o novo, o que aparece a cada momento, ser na espontaneidade natural (noção de 'improvisação' de Jean-François de Raymond e do 'espírito novo' de Shunryu Suzuki);

✓ acordar para a consciência que não é 'consciência de' (como pensa Castoriadis no rastro de Husserl) mas um estado particular da psique que existe sem separação do mundo inteiro sendo capaz de distinguir os elementos de um conjunto confuso e de ligar os elementos que parecem estar dispersos. Abrir-se para o 'sentimento oceânico' de Romain Rolland. Avaliar justamente a oposição de Freud e 'o afastamento' de sua discípula Lou Andreas-Salomé [9].

A partir desta concepção da sensibilidade, três metáforas são consideradas: a metáfora do *par de tenazes*, a metáfora *da pedra* e a metáfora da *água*.

A metáfora do par de tenazes

Tudo acontece como se o 'princípio de sensibilidade', visto pelo ângulo das ciências humanas, fosse mantido e fechado como um par de tenazes, cujas duas hastes fossem a psicologia e a sociologia, entendidas dentro de sua própria evolução histórica.

A psicologia parte de uma ruptura com a filosofia e o 'mentalismo' do fim do século XIX. Ela imita as ciências da natureza inspirando-se nelas e cria a psicologia experimental. Mas, desde o início do século XX, assistimos à emergência da psicanálise (inicialmente ela se proclama 'científica' com Freud). Durante todo o século XX, a luta entre psicologia clínica e behaviorismo (ciências do comportamento) chegou a seu apogeu. O final do século XX é a volta, com efeitos consideráveis, das neurociências em psicologia e o afastamento da psicanálise (Jacques van Rillaer).

A sociologia parte de uma posição 'científica' com Auguste Comte e Émile Durkheim que eliminou Gustave Le Bon, François Le Play e Gabriel de Tarde. Ela se impõe na França com Pierre Bourdieu, que recupera Max Weber, e a escola sociológica coerente alemã. Depois, novamente, recomeça a contestação com a 'história de vida' (Daniel Bertaux) e a etnografia constitutiva da escola anglo-saxônica

[9] Em *Carnets intimes des dernières années*, Hachette, 1983.

(H. Mehan) e a etnometodologia (Harold Garfinkel, Alain Coulon). Nos Estados Unidos, o início da sociologia tinha sido marcado pela escola de Chicago, depois teve uma decadência com duas correntes fundamentais: 'a Suprema Teoria' de Talcott Parsons e o 'empirismo abstrato' dos pesquisadores de opinião (sondagens) e 'quanto-frenológico' (Pitirim Sorokin). Hoje, confirmam-se cada vez mais a 'volta do sujeito' (A. Touraine) e a 'miséria do mundo' ou o 'fogo de encontro' (Bourdieu); em resumo, a voz dos atores, uma abertura para a possibilidade de interação simbólica, mas igualmente a busca do social nas vidas pessoais (Maurizio Catani).

Esta dupla evolução cruzada e complementar manifesta a ambivalência das ciências humanas em sua relação com o mistério do ser-no-mundo, da sensibilidade humana em particular. Trata-se, principalmente, de um desconhecimento de uma outra inteligibilidade do lugar do homem no mundo tal como é desenvolvida no Oriente e mais amplamente nas culturas 'outras'.

Há hegemonia paradigmática da visão do mundo ocidental. Por paradigma entendo um conjunto coerente de proposições teóricas e metodológicas subordinado a uma visão do mundo, a uma 'episteme', com base filosófica, situada histórica e culturalmente.

Esta consideração nos obriga a vislumbrar duas metáforas e sua necessária *dialetização.*

A metáfora da pedra ou a ocidentalização do mundo

A analogia com a pedra é interessante. A pedra é uma substância isolável, apesar de ser susceptível de ser coletada e quantificada: o 'monte de pedras'. É uma substância dura, capaz de ferir e de destruir. Ela é, ao mesmo tempo, a primeira arma do homem e sua primeira ferramenta. Ela é o instrumento primeiro de sua vontade de transformar o mundo, de dominá-lo.

A pedra é dura e estável. Ela pode constituir um alicerce para o homem fornecendo-lhe assim, quando bem grande, uma certa segurança. Ela lhe proporciona um abrigo (caverna). Ela garante uma certa eternidade a suas produções (sobre esta pedra erguerei minha Igreja, diz a parábola cristã, usando Pedro, o discípulo de Cristo, como ponto de partida).

Mas a pedra é igualmente uma substância que não resiste às mudanças climáticas bruscas. Com os frios intensos ou tempos caniculares, ela se quebra. Ela tem horror aos extremos, às provocações, às mudanças bruscas e incompreensíveis. Com o tempo ela se transforma em grão de areia e seu universo, em um deserto.

O paradigma subjacente à metáfora da pedra e, ao mesmo tempo, da ocidentalização do mundo, é o da fragmentação, da trituração separando tudo o que existe. A análise é, por isto, seu meio de investigação privilegiado.

A metáfora da água ou da orientalização do mundo

A água remete analogamente a toda uma série de imagens. A água é a substância radicalmente ligada e unificada: nenhuma onda do oceano existe 'separada' do conjunto do oceano. Uma substância suave, que pode ser captada, aprisionada em um recipiente, ou ainda, pode ser desviada de seu curso natural, parece ser dócil e fraca. Uma substância de bem-estar, indispensável a toda forma de vida, ela é necessária a nosso corpo e, em considerável proporção, à própria constituição de nossa vida. Uma substância receptiva que acolhe outros elementos, outros líquidos ou sólidos para todos os tipos de misturas, para o melhor e para o pior – lembremos da poluição da água pelos dejetos. Uma substância capaz de todos os desvios diante do obstáculo. Uma substância que pode se evaporar para cair sob forma de chuva em outra região. Em suma, é uma substância mais do que indócil e às vezes cortante quando queremos canalizá-la, domá-la – lembremos dos maremotos, dos dilúvios de vários tipos, como dos jatos d'água tão finos como um laser e que podem cortar um bloco de cimento.

No Oriente, a metáfora da água é muitas vezes usada nos textos canônicos do taoísmo ou do budismo. Lembremos do episódio célebre quando Confúcio encontrou um ancião, da outra ribanceira de um rio que subia, decidiu atravessá-lo. Ele desapareceu nos turbilhões. Confúcio e seus discípulos pensaram que tinha morrido quando o ancião reapareceu subitamente na outra ribanceira. Confúcio o interrogou perguntando como fizera para salvar-se. O velho (Lau-tse?) respondeu que simplesmente seguira o curso do rio, mergulhando com os turbilhões, subindo com as ondulações naturais das águas.

O paradigma subjacente à metáfora da água é o da capilaridade. Ela supõe uma visão do mundo formada de redes interativas onde cada elemento somente pode ser compreendido através de sua inserção dentro de uma totalidade dinâmica, um campo de relações e uma tomada de consciência de uma outra ordem diferente da 'consciência de'.

Esta visão do mundo foi desenvolvida há milênios pelos povos do Oriente, pelos povos da África, pelos povos ameríndios, através de mitos e símbolos que animam as múltiplas dimensões da vida quotidiana. Os Índios da América do Norte são seus sutis representantes como mostra magnificamente Teri McLuhan em seu livro *Pieds nus sur las terre sacrée*[10] (Descalços na terra sagrada).

---

[10] Denoël, 1992.

Dialética necessária das duas metáforas

Parece-me que a nova epistemologia no Ocidente, assim como no Oriente, deve submeter-se a uma dialética das duas metáforas precedentes em ciências humanas. Caso contrário, a catástrofe nos espera. Recentemente na região altaica na Rússia, os engenheiros decidiram construir uma barragem desviando um rio e construindo um lago artificial, sem levar em conta as populações autóctones que vivem da caça e da pesca. Destruíram assim sua cultura e reduziram-nos a meros vagabundos miseráveis. Sabemos também o que diz Edgar Morin a respeito da história semelhante dos índios Kris no Canadá em *Terre-Patrie* (Terra Pátria)[11].

Devemos substituir a eficácia ocidental a qualquer preço pelo sentido simbólico e a solidariedade comunitária em escala planetária. Os Etnopsiquiatras como Tobie Nathan, estão conscientes disto e utilizam os mitos, símbolos e técnicas de corpo das culturas tradicionais em suas manobras psicoterapêuticas, para aliviar os sofrimentos das pessoas em estado de degradação cultural nas diferentes regiões da França.

Imaginamos a que levaria essa dialética da pedra e da água em educação:

✓ Dar uma estabilidade e um quadro simbólico pertinente a toda ação educativa.

✓ Aceitar traçar caminhos e mudar, em parte, o mundo, em uma ação comunitária elaborada coletivamente.

✓ Ser sensível às culturas, às reações individuais e coletivas que, talvez, escondam uma riqueza insuspeita e válida para todos.

---

[11] Ed. du Seuil, 1993.

✓ Aceitar fazer desvios, recusar o caminho reto.

✓ Levar em consideração uma temporalidade e um sentido do espaço diferentes.

✓ Reconhecer e aceitar viver não somente com a racionalidade que nos organiza, mas igualmente com nosso imaginário e nossos mitos.

✓ Permanecer flexível antes de ficar duro e estável. Saber 'soltar'.

✓ Pensar o céu e a terra, o cérebro esquerdo e o cérebro direito, em nossa visão do sentido da vida.

O que os docentes da pura cultura não entendem

Arautos do saber erudito disciplinar e da cultura letrada, os grandes senhores feudais armam seus mosquetões há uns quinze anos na direção dos pedagogos e dos alunos de periferia e outros lugares, aqueles pés-rapados da cultura. Eles nunca imaginam que a palavra magistral absoluta que eles proferem diante de suas ovelhas possa ser apenas o reflexo de um fascínio inconsciente e narcisista pelo som de sua própria voz. A esta respondem, de forma redundante para seus alunos, o psitacismo inconsciente, a indiferença irônica, a incompreensão total ou a agressividade frontal como forma de resistência. Há mais de quarenta anos que os trabalhos dos sociólogos do Centro de Sociologia Européia demonstraram a fragilidade da transmissão do saber por métodos magistrais. Há mais de um século que os movimentos pedagógicos tentam responder com dificuldade a este revés. Mas nada se faz. Os antipedagogos se obstinam em caluniar aqueles que procuram uma solução para o fracasso escolar. Eles têm somente a palavra sagrada 'cultura' (letrada) na boca: é sua hóstia! Como os católicos da Inquisição, eles querem impor sua fé à totalidade da comunidade humana, eventualmente pela força. Eles esquecem que os gnósticos souberam frustrar a estratégia imperialista com uma contra-estratégia silenciosa muito eficaz, como realmente mostrou Jacques Lacarrière.

Grandes admiradores dos textos da tradição legítima da cultura, os antipedagogos referem-se, mais ou menos conscientemente, à tradição do texto sagrado, tal como ela se mostra nas grandes religiões do Livro. Atrás da defesa da identidade francesa, até mesmo européia, encontramos a de uma filosofia religiosa ancestral no Ocidente.

Em sua vontade de poder intelectual, Alain Finkielkraut, um dos líderes desta tendência intelectualista, durante uma conferência em Paris, em 30 de março de 2000, criticou violentamente um livro de Philippe Meirieu e Marc Guiraud[12]. Ele simula crer que estes autores querem a destruição da escola e a negação da cultura geral, o que é um contra-senso e uma atitude de má-fé. Ele esquece de citar um outro livro de Philippe Meirieu, mais recente, que colocou os pontos nos is. Estou falando do livro *Des enfants et des hommes. Littérature et pédagogie. 1. La promesse de grandir*[13] (Crianças e homens. Literatura e pedagogia. 1. A promessa de crescer). Nesta obra, Philippe Meirieu insiste sobre a importância da literatura na escola para integrar as diversidades dos valores culturais que fazem sentido em educação. Estamos do lado oposto da representação ingênua (seria tão ingênua assim?) de Alain Finkielkraut quanto aos pedagogos destruidores da cultura erudita. Nunca encontrei pedagogos modernos incultos. Não

---

[12] *L'École contre la guerre civile*, Plon, 1997.
[13] ESF, 1999.

escutei o menor insulto com relação à cultura sábia e universal em sua boca. A maioria dos educadores que se dedicam à pedagogia são grandes leitores, muito abertos para o mundo. Muitas vezes, por causa de sua longa prática, conseguem transmitir o gosto da leitura a seus alunos. Isso também acontece com os amigos de Finkielkraut e fico contente com isso. Sei que Jean Lescure e os jovens poetas de seu tempo seguiam com paixão os cursos de Gaston Bachelard na Sorbonne. Quem não ficou sensibilizado, em sua *libido sciendi,* pelos cursos de Vladimir Jankélévitch ou pelos de Gilles Deleuze? Não creio que possamos viver em um mundo sem história verdadeira, sem cultura geral afirmada. Temos um dever de memória a transmitir, mas, como conseguir esta vitória hoje é o desafio da pedagogia moderna.

Na verdade, um trabalho recente de Marie-Danièle Pierrelée – *Pourquoi vos enfants s'ennuient en classe*[14] (Por que seus alunos ficam entediados na aula), prefaciado por Philippe Meirieu, muito criticado por Alain Finkielkraut por ocasião da conferência citada[15] – propõe

---

[14] Syros, 1999.

[15] Alain Finkielkraut lançou recentemente um livro intitulado *Une voix vient de l'autre rive* (Gallimard, 2000) que retoma os temas principais de uma conferência de 30 de março de 2000, feita num grande centro cultural de Paris e dedicada à "Europe, victoire ou défaite de la raison" (Europa, Vitória ou Derrota da Razão), talvez de maneira menos cruel e ainda assim ! mas igualmente parcial. Em um capítulo central, que ele intitula "La rédemption pédagogique" (A redenção pedagógica), ele se dirige claramente a Philippe Meirieu (p. 77 e seguintes), a quem acusa de querer destruir a cultura erudita em proveito de uma espécie de heterogeneidade proclamada ligada à escola processual e não mais essencial. Uma escola onde "a autoridade está destruída" e onde a "verticalidade canônica foi abolida em proveito da horizontalidade interativa" (p. 81). Ele se apresenta, ao mesmo tempo, como o defensor exclusivo da utilização exemplar da Shoah [em seu capítulo 6 sobre "L'art à Terezin"(A arte em Terezin)]. Este avatar do Grande Inquisidor de um novo gênero pretende ter a última palavra da História e usa sua linguagem vazia para excomungar todos aqueles que, com referência a uma concepção da democracia intrínseca à pedagogia, gostariam de tomar exemplos nas formas terrificantes do Holocausto. É falso querer fazer acreditar que Philippe Meirieu propusesse como máxima da educação "Ensinar depois de Auschwitz, ensinar contra Auschwitz, é consentir e não transmitir" (p. 118). Finkielkraut não quer entender o que dizem os pedagogos. Felizmente, podemos avaliar Jankélévitch, Hannah Arendt ou Levinas, como Alain Finkielkraut e estar contra sua concepção grandiloquente da cultura elitista. Ele lembra justamente, em seu último capítulo, que René Char, um poeta que aprecio particularmente, foi levado a reduzir a sutileza de sua sensibilidade em favor de uma centração sobre a ação eficaz, durante a guerra. René Char tinha aversão profunda pelos carrascos nazistas por ter reduzido assim, por um tempo, a riqueza e a complexidade de seu pensamento, a uma simples razão binária. Pergunto-me se Finkielkraut não leva à mesma aporia os pedagogos que se recusam a voltar ao Antigo Regime da educação. Acerca desta polêmica ver na Internet o site "Pédagogie et culture" (Pedagogia e Cultura): *http://www.fp.univparis8.fr/recherches/PedagoCulture.html.*

a redução das horas de cursos dados por professores universitários, dedicados à cultura erudita, em proveito de horas de escuta e de práticas ligadas ao interesse quotidiano das crianças em seu contexto atual. Mas não é para abandonar a cultura, simplesmente rearticulá-la e, mesmo na crítica, com a modernidade e a situação real de cada um. Se Alain Finkielkraut tivesse, uma vez em sua vida, ensinado arduamente em uma universidade da periferia da capital e não apenas na Escola Politécnica, saberia que já não conseguimos transmitir a Cultura universal de acordo com as regras que ainda prevalecem nas salas preparatórias para as grandes escolas. Os jovens monitores do ensino superior começam a perceber isso na sua formação universitária nos Centros de Iniciação ao Ensino Superior (CIES) e é isso que eu, como professor, escuto deles hoje. Podemos lastimá-lo, mas é um fato que nos obriga a inventar uma pedagogia diferente. Ela não é menos rigorosa e exige de nós muito mais energia e tempo. Mas, ainda mais, uma pedagogia deste tipo implica, necessariamente, uma reflexão sobre a cidadania. Não de uma forma puramente abstrata, mas dentro de uma prática conflituosa e arriscada. Pois nada se consegue antes da hora. A força de algumas mídias, de algumas idéias mafiosas que difundem idéias-forças a respeito do dinheiro fácil, o sexo e o reconhecimento social pela política como espetáculo, em suma "a escalada da insignificância" (C. Castoriadis), não param de ser combatidos pela prática difícil, até mesmo perigosa, da pedagogia ativa.

A noção de 'estrutura de vida formadora'

O educador que trabalha com formação de adultos

começa criando um clima de *confiança* e de *convivência* no grupo do qual é responsável. Ele deve inventar uma *estrutura de vida* com a participação de todos. Sem sua institucionalização nenhuma troca simbólica pode se desenvolver com inventividade.

A idéia de *estrutura de vida* proposta por Daniel J. Levinson, parece-me um conceito chave, no momento atual, tanto na formação de adultos como na formação inicial. Pessoalmente sempre tive o cuidado, nos grupos de 'pesquisa-formação existencial' que dirigia, de me centrar nesta questão.

Em seu trabalho *The Seasons of Man's Life* analisado pela canadense Renée Houde, D. J. Levinson define a estrutura de vida como o esquema subjacente da vida de uma certa pessoa em um determinado momento. Mais particularmente relacionado com o sentido da vida dos adultos, a estrutura de vida compreende as relações de trabalho e outros elementos da vida profissional, as relações amorosas (casamento, família), a relação consigo mesmo (as experiências corporais, o lazer e a recreação, a solidão), os papéis nos diversos contextos sociais. Estes componentes podem ser centrais ou periféricos dependendo de serem mais ou menos significativos para o *self,* drenando uma certa parte da energia e do tempo da pessoa em questão. Para Levinson, o conceito 'estrutura de vida' está centrado na fronteira entre o *self* e o mundo. É possível considerá-lo em três aspectos:

1. O aspecto sociocultural do indivíduo (classe social, religião, etnia, raça, família, sistema político, estrutura de trabalho, condições e acontecimentos específicos como a crise econômica de 1929, a guerra, os movimentos de libertação).

2. O aspecto das dimensões do *self* (trocas com o meio

ambiente: desejos, conflitos, ansiedades, etc, ou afastamento).

3. O aspecto da participação no mundo através dos diversos papéis desempenhados (cidadão, trabalhador, patrão, amante, marido, pai, membro de uma associação, etc).

A estrutura de vida de uma pessoa muda com o deslocamento de um dos componentes do centro para a periferia, dos investimentos pessoais (ou inversamente), por seu desaparecimento ou sua metamorfose brutal. Levinson identifica duas fontes principais de mudança de uma estrutura de vida: o amadurecimento da psique e do corpo humano e as figuras básicas da sociedade. Ela evolui através de uma sequência padrão de períodos ou de fases.

Tomando alguns dos componentes da estrutura de vida da 'estação' do jovem adulto em sua fase noviça (entre 17 e 33 anos) e ampliando-os, podemos inventar um modelo de '*estrutura de vida formadora*' susceptível de interessar os docentes, os educadores e os formadores de adultos. Ele terá os seguintes elementos:

✓ O *sonho de vida* concebido como 'princípio esperança' (Ernst Bloch) que o indivíduo mantém com o mundo. O que espera fazer de sua vida profissional, amorosa, social, cultural, etc?

✓ A relação com um *mentor* dotado de qualidades humanas, de relacionamento e intelectuais evidentes, ou seja, com uma pessoa que seja referência para a direção de vida do indivíduo, particularmente na relação com sua própria formação. O educador que trabalha com formação de adultos ou o docente, neste aspecto, deveria poder se apresentar como candidato. Sem dúvida este mentor lembra um pouco o 'mestre' de ensino que Dany-Robert Dufour imagina[16].

✓ A relação com um *grupo de apoio* (pais, amigos próximos) com o qual a pessoa possa estabelecer trocas e no qual pode apoiar-se material e simbolicamente.

✓ A relação com um *grupo de iguais* (grupo-formação), com seu grau de coesão, com sua afetividade, com seu trabalho e com sua influência positiva e negativa.

✓ A relação com o *saber* transmitido, com o conteúdo da formação e com os *métodos* pedagógicos como com as qualidades humanas do educador.

✓ *O ambiente institucional* do grupo-formação (os espaços arquitetônicos e relacionais, de convivências e culturais oferecidos pela instituição de formação).

Este conjunto de componentes de uma estrutura de vida formativa determina um *imaginário implicatório* mais ou menos repleto para o formado. O professor, na qualidade de animador, deve levá-lo em conta e desenvolvê-lo sem cessar, se quiser conseguir uma eficiência pedagógica. Este conjunto imaginário deve ser escutado e compreendido segundo uma lógica de três dimensões (pulsional, social e sagrada) como eu tento teorizá-la com o nome de 'visão transversal' há vários anos. Mas o conceito de 'imaginário coletivo', articulando especificamente o imaginário social e o imaginário pessoal, elaborado por Florence Giust-Desprairies em seu livro sobre uma escola nova, *L'Enfant rêvé* (A Criança imaginada), é igualmente de suma importância neste aspecto[17]. Mais globalmente, ainda deste ponto de vista, é a problemática da *multirreferencia-*

---

[16] Dany-Robert Dufour, "Tractacus pédagogico-philosophique (éléments)", in *Philosophie du langage, esthétique et éducation*, coord. D.-R. Dufour et P. Berther, Paris, L'Harmattan, 1996, p. 41-50.
[17] Florence Giust-Desprairies, *L'Enfant rêvé. Significations imaginaires d'une école nouvelle*, Paris, A. Colin, 1989.

lidade elaborada ao longo dos anos por Jacques Ardoino, que se refere uma educação para nosso tempo[18].

A questão do conhecimento em educação

A questão do conhecimento em educação coloca como postulado quatro tipos de relação com o mundo e relaciona intimamente o educador que trabalha com formação de adultos com o homem do futuro:

✓ *O saber prático* ligado à experimentação da realidade, ao mundo concreto, às sensações, baseado em uma experiência vivida e capitalizando o 'conhecido'.

✓ O *saber erudito* que teoriza a observação dos fatos em função de uma bagagem científica já conhecida e propõe modelos de inteligibilidade racional e, se possível, multirreferencial, da complexidade do mundo (J. Ardoino).

✓ *O conhecimento poético* que exprime o testemunho do mundo dos fatos a partir de uma sensibilidade aberta e a amplia pelo porta-voz de um imaginário radical (C. Castoriadis), desenvolvendo assim, ininterruptamente, o campo simbólico de uma dada cultura.

✓ O *conhecimento ontológico* que interpela a natureza do ser-no-mundo por um processo de questionamento baseado na negatividade, no não-saber, no espírito do vazio criador. Em suas formas mais refinadas ele leva ao *Otherness*

---

[18] Jacques Ardoino, *op. cit.*, e com René Barbier, *L'Approche multiréférentielle de l'éducation et de la formation*, "Practiques de Formation/Analyses", Université Paris VIII, *Formation permanente*, n° 25-26, abril de 1993.

(J. Krishnamurti[19]), a um estado de beatitude no qual o observador e o observado acham-se inseparáveis, ao mesmo tempo que são inomináveis no registro da racionalidade.

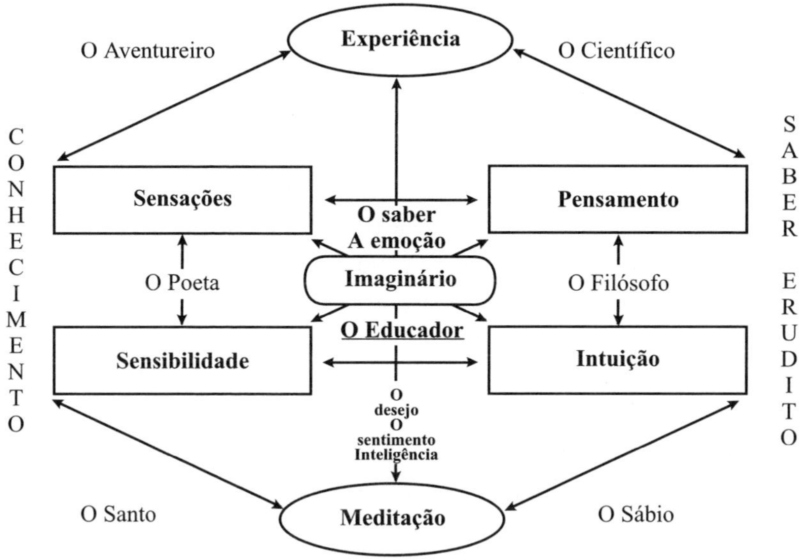

Dois tipos de práticas e cinco modos de existência da vida psíquica estão articulados de acordo com esta problemática. Os dois tipos de práticas são:

1. A experiência prática, fabricada ou natural, que permite o encontro com a experiência de realidade, com o choque dos fatos, com o real no qual nos chocamos.

2. A meditação que é a prática incessante, surgindo de momento a momento, da atenção, da extrema presença no mundo, aberta para a lucidez e consumada na alegria de ser.

[19] Jiddu Krishnamurti, *Carnets*, éditions du Rocher, 1988.

Os cinco modos de existência da vida psíquica são:

✓ As *sensações* que resultam da junção da percepção e da ação (do sujeito sobre o mundo e do mundo sobre o sujeito). Elas marcam o registro corporal, ecoparticipativo, do ser humano e funcionam de acordo com uma dualidade prazer/sofrimento.

✓ *O pensamento* que representa habitualmente a consciência elaborada sobre o modo da racionalidade. Uma capacidade de ordenar que torna inteligível o que era aparentemente caótico e que permite superar o concreto imediato por um objeto abstrato que generaliza mas que é necessariamente redutor. Seus registros de ação são a memória ligada ao passado, a previsão ligada ao futuro e o saber capitalizável.

✓ *A intuição* que capta a essência na forma com seus componentes de instantaneidade e de evidência. Ela permite a visão da *unitas multiplex* de que fala Edgar Morin, em uma espécie de visão interior, a natureza holística e unificada da complexidade do real, sob os fragmentos retalhados do mundo.

✓ *A sensibilidade* que exprime *o que tem sentido para todos os sentidos.* Capacidade sutil do ser humano de receber o influxo do mundo e de devolvê-lo imediatamente, depois de uma tradução psíquica singular, por meio de emoções mediadoras, entre o sentido e o vestígio (Max Pagès).

✓ *O imaginário* que é, ao mesmo tempo, o resultado somado dos outros modos e a capacidade radical de apresentar, de uma forma totalmente 'nova', e de se representar, de acordo com um fluxo mental incessante, as formas, figuras, imagens, em articulação com os quatro outros tipos já enunciados.

Seis tipos de personalidades fundamentais podem ser assinalados nesta problemática, situando-se o *educador* no cruzamento de suas interações:

1. CIENTÍFICO, que se expressa habitualmente através do pensamento racional para explicar, para compreender ou interpretar o mundo a partir de um dispositivo de compilação dos dados, de hipóteses e de um modelo de pesquisa.

2. FILÓSOFO, no sentido ocidental do termo, que dá sentido inteligível e conceitualizado, a partir de uma dúvida metódica e de uma curiosidade permanente, nas relações que o homem mantém com o mundo.

3. SÁBIO, que representa aquele que sabe que não sabe e que fala pouco ou usando aforismas, metáforas ou contos apropriados.

4. SANTO, o místico tradicional, que se exprime através de um amor oblativo muito ligado a uma capacidade sensível de alta amplitude.

5. POETA, que *mostra* (P. Eluard) o mundo em seu trabalho mas de uma forma simbólica sempre polisêmica, equívoca, ambivalente e dotada de um excesso de sentido destinado à decodificação sensível de sua estrutura imaginária por cada um de nós (G. Durand).

6. AVENTUREIRO, que desperta uma curiosidade essencial e que representa o *ser da itinerância* por excelência; ou seja, aquele que joga *o jogo do homem* como microcosmo do *jogo do mundo*, para usar os termos do filósofo grego contemporâneo Kostas Axelos.

Oblíquas

No limiar do mundo do futuro

André Chouraqui

As mutações da história são mais sensíveis nesta cidade onde moro há quase meio século. Quando descobri Jerusalém, aquele lugar trazia as marcas visíveis da guerra que acabava de colocar frente a frente israelenses e palestinos. Uns e outros traziam em seus semblantes as marcas dos combates visíveis nas ruas, onde cadáveres ainda estavam espalhados entre as ruínas dos prédios destruídos. Os sobreviventes viviam na angústia das restrições de alimentos em uma cidade que tinha resistido à fome agravada pelas restrições de água.

Estávamos no centro geográfico onde a Ásia encontra as três religiões abrâmicas, o judaísmo, o cristianismo e o islã, nascidas das fecundidades da Bíblia. Estas, ao contrário do ideal da Aliança unanimemente ensinado pelos profetas, pelos apóstolos e pelos doutores destas três religiões, estavam dilaceradas por seus conflitos, em flagrantes contradições de seus ideais proclamados.

Estes conflitos tiveram causas históricas reais, dissimuladas e ensanguentadas por polêmicas teológicas. Os conflitos atuais originaram-se, em muitos aspectos, quando a Judéia enfrentou o Império Romano lançado à conquista do mundo: a partir de 63 a.C., Roma se choca no Oriente com a resistência dos hebreus. Estes recusavam-se a aceitar a dominação romana; sua resistência, tanto religiosa quanto nacional, tinha como centro o Templo de Jerusalém, ao mesmo tempo centro político e símbolo místico. Israel já tinha passado pelo cativeiro da Babilônia (-586/-536), assim como pela dominação dos persas (-536/-332) e dos gregos (-332/-140). A revolta dos asmoneanos (nome dado à tribo dos Macabeus) pôs fim a quatrocentos anos de dominação persa e grega sob o controle da dinastia hebraica dos asmoneanos.

A Judéia, o pequeno estado hebreu perdido nas imensidões do Oriente, sofre uma nova e definitiva dominação estrangeira depois dos persas e dos gregos. Pompeu, à frente dos romanos enviados para a conquista do Oriente, apodera-se da Judéia e de sua capital Jerusalém em 63 antes da era cristã. Depois do reinado de Herodes, o Grande (-37/+4), a resistência tenaz dos hebreus foi vencida pelas legiões romanas. A queda de Jerusalém concretizou-se com a destruição de seu Templo por Tito e com o exílio de seu povo. A Judéia foi apagada do mapa depois do ano 135 e da destruição da resistência hebraica, resistência essa que só terminou com a criação da nação judaica. Os romanos pensaram que a Judéia hebraica estivesse definitivamente esmagada com a crucificação dos quase seiscentos mil crentes dos quais Tácito fala.

De fato, os sobreviventes destes grandes massacres, exilados da Palestina, a partir de então proibida aos judeus, encontraram refúgio nas bordas do Mediterrâneo, nas comunidades judaicas da Diáspora. Assim, o judaísmo nasceu da destruição da Judéia hebraica, inspirando então o julgamento mordaz de Henri Heine: "O judaísmo não é uma religião, mas uma desgraça". Realmente, o judaísmo nasceu e desenvolveu-se somente nos muros dos guetos onde os sobreviventes dos massacres inimigos tinham encontrado um refúgio precário. A cristandade tolerava entre seus muros a existência dos judeus sem lhes dar estatuto oficialmente reconhecido, enquanto que o território muçulmano tornava oficial o estatuto de 'protegidos', de *dhimmis*, dado aos judeus e aos cristãos estabelecidos em terra do islã.

Os judeus nunca aceitaram a destruição de Jerusalém nem o exílio forçado da sua terra, a Judéia, que julgavam destinada a eles por direito divino. Este povo, declarado pela própria Bíblia "o menor dentre todos os povos", organizou-se para sobreviver até a hora do retorno à Judéia, acontecimento certo a seus olhos pois prometido por Aquele que não mente jamais. E os judeus, durante dois mil anos, contra todas as evidências, puseram-se a acreditar sem pestanejar no impossível retorno.

Cada vez que encontro, em Nova Deli, em Florença ou em Jerusalém, o eminente líder dos tibetanos exilados, o Dalai-Lama, ele me coloca a questão de saber como os judeus fizeram, ao fim de um exílio duas vezes milenar, para voltar a seu país sem ter esquecido sua cultura, sua língua ou sua religião de origem. E, de fato, trata-se de uma espécie de 'milagre histórico', se este pode ser definido como um fato impossível e que no entanto acontece na história.

"Loucura, obstinação criminosa", gritavam os inimigos do destino de Israel que em seus guetos pagavam com a vida o prêmio de sua escolha...

A concentração dos judeus nos guetos estava relacionada com a dos cristãos e dos muçulmanos que, por sua vez, levantavam fortificações para proteger suas cidades. Seu objetivo não era defensivo como o dos judeus. Os cristãos outorgavam-se o objetivo ideal de converter, sob o sinal da Cruz, o mundo inteiro à fé de Cristo. Por seu lado, os muçulmanos perseguiam o mesmo objetivo trabalhando para converter toda a humanidade à fé na única revelação do profeta Maomé, com uma única lei, a do islã.

Por motivações e finalidades diferentes, as religiões do Livro estavam, todas as três, fechadas em guetos impenetráveis. Senti seu rigor na pele. Tendo decidido penetrar as fronteiras onde as religiões ditas monoteístas se tinham fechado desde seu nascimento, fui testemunha das resistências que, de lado a lado, minha intenção produzia: por que um judeu pretendia iniciar-se nos ensinamentos do cristianismo e do islã sem querer converter-se a nenhuma destas duas religiões? Pois as religiões 'monoteístas' estavam tão bem entrincheiradas em suas desconfianças umas das outras que seu isolamento era quase perfeito.

As pregações dos párocos de Aïn Témouchent ou dos pastores dos Três Marabus condenavam regularmente os judeus como sendo "os assassinos de Cristo", o que não acontecia sem amedrontar as crianças que éramos. Não somente quase nada sabíamos uns dos outros, mas o que pensávamos saber estava distorcido pelos séculos de ignorância, de desconfiança e, frequentemente, de ódio. O livro recente de Paul Ginievski, *L'Antisémitisme chrétien: la mutation* (O Anti-semitismo Cristão: a Mutação)[1] ,resgata minuciosamente as dolorosas etapas deste verdadeiro caminho da cruz que os judeus dos países cristãos tiveram, muitas vezes, que percorrer em seus exílios antes de voltar para Israel.

A mesma história deveria ser escrita para descrever as condições dos judeus em terras do islã. A mesma ignorância recíproca era norma e os conflitos não acabavam, sem chegar ao horror dos massacres da Inquisição ou os da *Shoah*. Mas depois da Segunda Guerra Mundial, quando os judeus proclamaram a criação do Estado de Israel, o conjunto dos estados muçulmanos se levantou para impedir seu renascimento: foi preciso mais de meio século para pôr fim a esta guerra que sobreviveu à paz em muitos espíritos.[2]

---

[1] Éditions Salvator, col. "Conversation".

[2] David Bentata, *L'Islam et Israël* (em hebraico), Tel-Aviv, 1999.

Estes conflitos de essência religiosa estão destinados a ter fim rapidamente, já que o ensino das religiões nas escolas, mais particularmente na França, ajudará a dissipar a ignorância recíproca de uns e de outros. Tentei contribuir para este trabalho de salubridade pública traduzindo as escrituras básicas destas religiões dentro de um espírito e seguindo um mesmo método de objetividade científica que mostra, em vez dos conflitos teológicos, as finalidades convergentes da Bíblia hebraica, do Novo Testamento em grego e do Corão proclamado 'em língua árabe fluida'.

O espírito da transdisciplinaridade deverá se estender à análise de todas as religiões. Estas se apresentam como revelações de uma verdade absoluta anunciada por IHVH que apareceu em pessoa a Moisés no Sinai, depois a Jesus e finalmente, de 610 a 632 a Maomé, ensinado pelo anjo Gabriel. Amém.

Mas a coexistência destas 'verdades absolutas' as relativiza necessariamente. Os teólogos do passado se esforçavam para demonstrar a superioridade de sua religião sobre todas as outras. Os do futuro devem ter como perspectiva, conhecer e entender as diferentes linguagens das religiões do homem, tendo como finalidade destacar, em vez de suas divergências, as convergências colocadas a serviço do homem e da salvação da humanidade. Este é o sentido das mutações empreendidas por João XXIII, Paulo IV e João-Paulo II nos ensinamentos da Igreja católica. A recente peregrinação de João Paulo II por Israel colocou um ponto, que esperamos seja final, aos conflitos que opuseram tão tragicamente estas grandes religiões. A atitude do papa foi conclusiva de sua vida e de seu ensinamento. Ela abre para a humanidade o caminho de seu futuro, propondo-lhe colocar um fim a seus conflitos religiosos e nacionais. A paz mundial estará assegurada e garantida pelo respeito aos Dez Mandamentos proclamados no Sinai por Moisés. Estes Mandamentos são ensinados por Israel, pelas igrejas cristãs, assim como pelo islã em todas suas etnias e em todos seus rituais. Eles, assim como a Declaração Universal dos Direitos do Homem (dezembro 1948), da qual René Cassin foi o redator principal, fundamentam as principais tradições das religiões asiáticas e ameríndias.[3]

Não seria uma quimera mobilizar forças vivas da humanidade inteira, superando todas as nossas divergências religiosas, nacionais ou culturais, para educar o homem do futuro no espírito e no respeito destas leis fundamentais, únicas verdadeiras responsáveis erguidas contra as ameaças atômicas ou outras que pairam sobre o futuro de toda vida planetária?

Os séculos forjaram a humanidade em sua infinita diversidade. Cada povo lutou para conseguir suas características e seu aspecto atual. A história é feita de lutas que cada uma das famílias humanas suportou para conseguir conservar sua cultura, sua língua, sua religião. Durante séculos, o homem esforçou-se para proteger sua personalidade, sua cultura, sua língua ou seu dialeto como sua religião em fortificações que os perpetuava. Cada um empenhou-se em contribuir para salvaguardar seu passado e proteger sua permanência.

Quando criança, ficava espantado quando sabia que um cristão era proibido de entrar em uma catedral se fosse protestante, ou em um templo se fosse católico, sem falar nas sinagogas, mesquitas ou outros lugares de culto hermeticamente proibidos.

Em nossos dias, tal segregação ficou impossível. O mundo inteiro vem a nós através da magia das técnicas atuais. Nada consegue evitar a penetração de fronteiras outrora proibidas e encontrar o homem em todas as suas múltiplas aparências, suas línguas, suas religiões, suas con-

---

[3] *Les Dix Commandements aujourd'hui*, Robert Laffont, 2000.

[*] Artigo em inglês no original: tradução de Vitória M. Mendonça de Barros.

fissões e na infinita diversidade de suas tradições. O encontro ontem proibido torna-se hoje inevitável.

Mas as mutações provocadas pelos progressos do mundo onde nascemos e onde vivemos, nos obrigam a um *sacrifício identitário* que se tornou inelutável. Cada homem de qualquer país, de qualquer cultura ou religião, é chamado a morrer para seu passado para deixar nascer o homem novo, já presente e vivo nele no umbral do 'mundo do futuro', o '*olam haba*' de nossas orações messiânicas.

Dentro do virtual: o novo humano ou a vida nômade no século XXI*

RON BURNETT

Quando comecei a pensar sobre os desafios de escrever um ensaio sobre o novo humano ou virtual humano do século XXI, fui sacudido pelo *peso* do conceito. Fui confrontado também pela questão, o que queremos dizer quando falamos sobre o novo e a identidade humana no século XXI? Esta é uma questão tanto sobre o presente quanto é sobre o futuro. Parece claro que um dos fatores comuns mais importantes para os seres humanos no século XXI será a digitalização de quase todos os aspectos da cultura e da vida humanas. Como resultado desta mudança do análogo para o digital, descobriremos novos processos de comunicação e interação e ainda novos modos de definir conceitos fundamentais tais como comunidade, país e nação. Minha abordagem a esse tipo de desafio, será elaborar várias questões sobre a subjetividade quando relacionada com esse contexto. Eu quero dar um peso significativo à palavra 'evolução' neste caso, porque nada do que eu disser aqui deve ser visto como algo fixo. E vejo o presente como algo muito fluido e é essa fluidez que eu considero atrativa e sedutora. A fluidez também coloca desafios metodológicos ao se escrever a história cultural.

* Em inglês no original; tradução de Vitória Mendonça de Barros.

Minhas referências para esta noção de fluidez têm sido articuladas no trabalho de Michel Serres num diálogo que ele teve com Bruno Latour em 1990.[1]

Gostaria de começar com um comentário/exposição ficcional sobre um quadro de Vermeer como uma forma de explorar um aspecto crucial do novo mencionado acima.[2] Eu escolhi começar assim porque, se a categoria *novo humano* funcionar, terá que se centrar no papel e na influência das imagens produzidas em massa na nossa cultura e seus efeitos na subjetividade humana. E eu sinto que, pelo menos na cultura do Ocidente, só recentemente começamos a exploração a longo prazo das mudanças física, espiritual, psicológica e social que as imagens produziram nestes últimos cento e cinquenta anos.[3] Quando falo de subjetividade no que melhor pode ser descrito como uma fase da cultura ocidental, estou me referindo a uma série de características humanas e não a um processo que pode ser descrito como fixo ou estático. Escolhi Vermeer porque sua exploração da luz e da materialidade na pintura e sua preocupação com a perfeição e o detalhe proveram o modernismo e em vários graus o postmodernismo, com um dos seus mais importantes fundamentos, a afirmação de que existe uma ligação entre as imagens e o que elas retratam.

Em outras palavras, há um impulso de documentário em Vermeer que dá grande credibilidade à idéia que as imagens são tanto sobre representação quanto são representações em si mesmas e de si mesmas, reflexos ou sinais

---

[1] Michel Serres com Bruno Latour, *Conversations on Science, Culture and Time,* Ann Arbor, University of Michigan Press, 1995.

[2] Esse quadro é *'Uma Menina Adormecida à Mesa'*. Você pode vê-lo no site: htpp: // metalab.unc.edu/wm/paint/auth/vermeer/vermeer.girl-asleep.jpg.

[3] Com enorme respeito devido ao trabalho que tem sido feito nesta área, um dos problemas que temos ao escrever sobre as imagens é um senso cultural de que elas são 'outro' para a experiência que os seres humanos têm de suas vidas. 'Outro' porque as imagens parecem vir de fora – parecem ser a causa para eventos e experiências em vez de uma parte integral do que entendemos por vida do dia a dia. As imagens são o tecido, o verdadeiro material do que entendemos por modernidade.

do mundo à nossa volta. Esse impulso, que atinge o surrealismo e o realismo e forma a base para a expressão abstrata, trata a tela pintada como um exemplo material do desejo e da intenção. Gostaria de discutir aqui por que as imagens nunca são representações no sentido exato do termo. No instante em que a imagem encontra um espectador (isto é, depois que seu criador lança um olhar zeloso à sua criação) não estamos mais falando dessa imagem como um *objeto* mas estamos, sim, numa zona do meio entre o ver, a materialidade, a compreensão e o sentimento.

Em vários graus, as imagens têm sido sempre um fenômeno ecológico. Elas formaram sempre um ambiente e, como as imagens se tornaram mais e mais predominantes através da produção em massa, elas redefiniram a ação humana e a subjetividade. Essas mudanças terão necessidade de novos modelos de análise e crítica, assim como novas maneiras de pensar a história. Embora a pintura de Vermeer tenha sido bem anterior à invenção da fotografia, eu gostaria de reivindicar o quadro citado para explorar a nova ecologia. Meu uso pessoal desse termo está relacionado ao trabalho de Regis Debray e também ao trabalho fundador de pessoas como Gene Youngblood, Italo Calvino, Bruno Latour e Michel Serres. Esta é uma mistura eclética, mas está no coração da minha abordagem para escrever. Como veremos, esta abordagem se caracteriza por um desejo de dispensar os gêneros e por um esforço de quebrar com as distinções entre ensaio e ficção. Minha abordagem também se carateriza por uma celebração do *pastiche* como modo de exposição, como forma de explodir a ordem de escrever e os pressupostos do conhecimento e da autoridade que sempre governam a leitura. Para mim, isso é uma necessidade numa era dominada pelas imagens em todas as suas formas e num período em que estas têm se tornado digitais e, consequentemente, transformaram o sentido e a direção do escrever e da autoria. A transformação das imagens em dados para informação e comunicação mudou a base a partir da qual nossa cultura pode julgar sua própria orientação e os modos que ela escolhe para ver a si mesma. Num certo sentido, a relação entre o escrever e o ler finalmente atingiu um ponto de conexão que mudará os fundamentos a partir do qual definimos produção e significado, criatividade e consumo. Isto tem o potencial para expandir democraticamente o modo dos textos serem escritos e o público que os lêem, assim como o número de pessoas que os escrevem. O mesmo processo também se dará com as imagens. Em algum grau o advento da *World Wide Web* (www) é uma marca crucial dessa mudança.

Eu proporia que o 'novo humano' ou, como Katherine Hayles[4] sugeriu, o pós-humano, favorece a experiência subjetiva do mundo que se caracteriza por uma falta de interesse pelas diferenças que existem entre ficção e realidade. Isso torna possível para indivíduos e grupos atravessar em gêneros, estilos e estratégias, numa enorme mistura de abordagens do escrever à música e às imagens. Nesse sentido, eu ofereço a seguinte forma de pensar sobre Vermeer e o mundo de fantasia e realidade nas quais suas pinturas operam.

Dentro dos devaneios
há imagens, palavras,
escuridão,
e as sombras da mente,
brincando.

O esquecimento tem o sabor
De uma lima doce.

---

[4] Katherine Hayles, *How We Became Pos-Human: Virtual Bodies in Cybernetics Literature and Informatics*, Chicago, University of Chicago Press, 1999.

Johannes criou seus quadros como se fossem tapeçarias.

Ele teceu suas idéias nas telas observando as pessoas que amava e pintando-as em seus pensamentos, com uma perfeição quase fotográfica.

A luz salpicando as frutas em sua mesa.

"Vermeer fez uso extensivo da câmara obscura (literalmente 'quarto escuro') ao organizar suas composições. A câmara obscura, uma precursora da câmara moderna, era uma caixa com um buraco minúsculo na frente e espelhos (usados para refletir uma imagem no topo da caixa) atrás. Era usada para se conseguir um bom nível de foco numa área limitada, mas causava uma distorção nebulosa fora desses limites, assim como 'círculos de confusão' ou raios de luz aleatórios em áreas não focadas. Todos estes resultados – um foco claro e detalhado, uma distorção borrada, círculos de confusão – eram retratados no trabalho de Vermeer."[5]

Dentro dos devaneios diurnos a luz pára de se mover ansiedades se aquietam... Reflexões se curvam e se retorcem, viram do avesso, perdem sua forma e depois a recuperam.

Ela é anônima, mas certamente não está adormecida. Seu cansaço vem de servir os outros. Seus olhos estão fechados porque ela está procurando um refúgio. Uma tapeçaria cai do canto da mesa onde ela repousa e a porta está aberta. Seu mestre está acordado no andar de cima e assim, para Johannes, o proprietário precisa ser retratado como aquele cujos sonhos morreram. O esquecimento tem o gosto de uma lima doce e, no escuro, gritos podem ser ouvidos. Pois é Dante que se senta por trás do quadro, testemunha dos vestígios da vida, dos fragmentos da história. Algumas vezes, quando a luz não está suficientemente clara, quan-

---

[5] <htpp://www.geocities.com/Paris/Opera/2350/criticalanalysis.html.>

do o sol está quase se pondo, Johannes olha através de sua janela e pensa sobre o céu e a terra e a vida após a morte. Mesmo tendo sido criado como um homem religioso, seu trabalho criativo o fez duvidar da simplicidade da religião. "Minha inspiração vem do meu interior e de Deus, mas em qual proporção?"

Sobre a mesa há uma garrafa de vinho vazia e um jarro. Durante e após a refeição, seu mestre bebia e bebia, silencioso exceto quando às vezes arrotava, todo o tempo olhando para ela.

Ela deu um jeito de evitar olhá-lo nos olhos.

E fazendo isso, desafiante, colocava a questão que muitas mulheres antes dela haviam feito sobre os homens: ele sabe quem eu sou?

Na frente dela, um jarro de porcelana com rachaduras ondulando em sua forma arredondada – rachaduras vertendo, selos quebrados pelo constante escorrer do líquido, como um rio que com o passar do tempo esculpe um caminho através do deserto.

A tapeçaria sobre a mesa traía os muitos usos que ela havia tido, dos degraus que ela cobrira à parede na qual um dono avarento a pendurara certa vez. Escondidos no desenho da tapeçaria estavam animais, flores e formas de uma civilização há muito perdida – adoradores de imagens, crentes em ícones, pessoas para as quais o vislumbre de uma face tecida sugeria a presença de Deus e guerreiros valentes.

Um pelicano olha para ela. Seu bico tem uma cor rosa forte, entremeado de marrom, com matizes de amarelo e azul. No sonho dela, ele fala como um amante: "Meu amor, você foi feita para muito mais do que esta vida te oferece, mais do que ser uma criada sujeita às extravagâncias de um senhor arbitrário. Eu sei que você não guarda nenhum rancor, pelo menos em seu coração, mas é realmente necessário que você corra a obedecer a cada comando dele?

Os dias não passam velozmente sem contentamento, como se a noite sangrasse no dia e a tarde na noite? O sol nascente não tem mais significado que o poente. Somente as flores que ocasionalmente enfeitam a mesa da cozinha falam a você das estações e, mesmo assim, o perfume delas é abafado pelas exigências que lhe são feitas."

Ela já ouviu os pedidos muitas vezes. Eles vêem de um lugar mais profundo do que qualquer poço construído pelo homem, porque ela sabe que a sua mente não descansa nunca, mas ferve com pensamentos e desejos. "Eu sou sua criada, sim."

Ao lado do seu cotovelo descansa uma faca e, desalinhado, um garfo de prata. Essas peças são as jóias da coleção de seu amo e ela precisa mantê-las limpas.

A sala atrás dela esconde todos os segredos que um homem honrado e bem estabelecido demanda não só de si, como dos outros. Há uma janela nessa sala, por onde passa uma luz muito fraca. Uma lamparina, que ela mantém abastecida, tremula contra uma parede manchada e escurecida pela fumaça. Muitas gerações de sua família povoam esta sala. Os objetos que elas cobiçosamente acumularam e passaram de geração em geração permanecem confusamente empilhados, demonstrando como a vida humana é curta e frágil. Quem se lembra da bisavó dele?

"A renda, minha querida." Quando ela envelheceu, mesmo quando seus olhos começaram a falhar, a renda crescia em tamanho até parecer ter milhares de formas costuradas junto. A pele de seus dedos era encarquilhada e as marcantes cicatrizes diminuíam sua mobilidade mas, calada, ela trabalhava, dia após dia.

"Isto tudo é para minhas filhas e seus filhos. Isto trocará de mãos até Deus achar que é hora de destruir meu trabalho."

Johannes a retrata com apenas um vislumbre dos brincos – os contornos bem marcados de sua face realçados pe-

los cabelos pretos – as faces coradas. Ela veste um vestido de cetim vermelho enfatizado pelos morangos e tangerinas numa fruteira na mesa.

Comentava-se que seu patrão era um dos maiores defensores da aventura colonial holandesa nas Índias Orientais. Ele antecipou a riqueza das colônias, previu que a Holanda seria um país rico e poderoso. Ele não sentia remorso quando lhe contavam sobre os povos que ali habitavam. Como muitos de sua geração, ele foi impulsionado por um desejo de riqueza material. Mercador, muitas vezes ele vendeu o saque para comerciantes da Alemanha e da Inglaterra por valores muito acima do real.

Sobre Johannes, pouco se sabe. Ele e sua esposa, Catherina Bolnes, tiveram 11 filhos. Três morreram muito pequenos. Eles moraram em Delft numa casa paga pela mãe de Catherina. Johannes pintava talvez dois quadros por ano. Ele morreu inesperadamente aos quarenta e dois anos, no auge da guerra entre franceses e holandeses.

Quem é, então, esta mulher adormecida? Por que ele dedicou tanto tempo à sua imagem? Era ela tão anônima quanto a pintura sugere?

Estas questões começaram a preocupar Ter, um dos filhos de Johannes.

Em conversa um dia, quatorze anos após a morte de seu pai: "Seus pertences viviam espalhados por toda a casa. Ele não era uma homem ordeiro. No entanto, eu encontrei uma câmara obscura. Ela tinha uma lente sofisticada e mostrava as marcas de muito uso. Eu concluí relutantemente que meu pai pintava influenciado por um artefato mecânico. Ele projetava a imagem sobre papel manteiga. E a própria imagem era projetada sempre de cabeça para baixo, ainda que um grande espelho em sua sala de trabalho sugerisse que ele tinha resolvido esse problema."

Os comentários de Ter precisam ser analisados cautelosamente. Eles sugerem um desejo extremo de realismo no trabalho de Johannes e uma necessidade de usar qualquer estratagema disponível para criar a representação que reproduzisse ou documentasse a realidade. Detalhes eram importantes, a colocação de um objeto, o modelo dos corpos humanos, a caída de um vestido, até um olhar silencioso de um rosto em repouso.

Pálpebras fechadas. Como pode haver um olhar emanando desse rosto? Esta é talvez a grande ironia das afirmações de Ter. Enquanto Johannes se decidia sobre o cenário desta pintura, enquanto ajustava a câmara obscura e pedia a seu modelo para esperar pacientemente, ele a fitava nos olhos. Devagarinho, ela se tornou mais que um modelo. Ela se tornou sua companheira enquanto ele trabalhava esta cena. Há olhos espalhados por toda parte nesta pintura e isto torna possível enxergar tanto da perspectiva dela como da dele. Ter se sentia incomodado pelo realismo, mas Johannes era capaz de alcançá-lo porque compreendia de que forma a luz brinca com os objetos, com o rosto humano e, por isso mesmo, com o tempo.

Johannes queria cada detalhe da sala de jantar incluído no quadro. É por isso que, quando seu modelo saía, ele olhava o espaço vazio de seu atelier e reclamava em voz alta sobre a luz, a maneira que ela tocava o chão e as formas geométricas das telhas. Para ele, o quadro retratava uma face serena e cansada, uma mulher em repouso; apresenta alguns traços da energia que ele colocou ao pintá-lo, embora ele se intrigasse com a cor do cântaro. Johannes tocava a tela e passava os dedos pela sua superfície macia. "Para algumas pessoas, o olho é tudo", ele murmurava.

A Modernidade começou quando Vermeer usou a câmara obscura para criar imagens nas quais os olhos podiam penetrar como se a mente estivesse dentro da tela e não contemplando-a de uma certa distância. O ponto de partida para o observador era uma incisão, uma forma de dividir a realidade em partes e reconstituí-la em seguida, um ponto vivo na borda do esquecimento e, é necessário ser dito, que o precipício tem nos conservado vivos, se não entretidos e informados por muitos anos. Assim como entramos na imagem, nós também deixamos cair as vestimentas de uma civilização que dependia da paradoxal concretude do espiritual para guiá-la. Do momento em que Deus se tornou reproduzível, novas versões da vida na Terra apareceram por toda a parte. As ciências explodiram e as ciências sociais se tornaram os marcadores para compreender os fenômenos da vida diária. As imagens se tornaram estradas reais nos mundos até então imaginados por poucos em detrimento da maioria, o que é uma das razões para a cultura popular ser hoje tão excitante.

Então um dia, o autor do ensaio que você está lendo diz: "Existem palavras que estão ligadas às nossas emoções e existem metáforas que libertam uma infindável torrente de imagens provenientes das nossas memórias e de nossos corpos. Mas nem a especulação nem o simples olhar podem capturar a imobilidade de um quadro. E é por isso que a pintura sempre existiu como uma forma de expressão e como um veículo para a linguagem e para o discurso."

No seu coração, o escritor quer exprimir este tema central. Se a pintura é estática, então o que nos acontece quando a olhamos?

Muitos teóricos das imagens e da cultura visual examinaram esse problema e, na sua maioria, concluíram: "Ou somos o que vemos ou somos tão tocados pela visão de uma imagem que nos incorporamos a ela, tornando-nos um com a experiência, absolvendo-nos da responsabilidade e culpando o inconsciente e o quadro por todo esse processo."

Subitamente numa noite o autor sonha com o nome da mulher do quadro de Vermeer. Ela era conhecida como

Elisabeth. Sua família havia vindo para a Inglaterra quando ela era muito jovem. Ainda criança foi forçada por seus familiares a trabalhar para um proprietário e ela cresceu sendo empregada doméstica. Todavia, ela sempre desejou aprender mais que seu patrão ou que sua condição lhe permitia. Quando Vermeer foi à sua casa, ele percebeu que a sua tristeza fazia dela o modelo perfeito. Ele negociou para que ela pudesse folgar um dia por semana, pagando uma grande soma pelo privilégio. Ele se pôs a reformar seu atelier de forma a transformá-lo num cenário teatral. Vermeer percebeu logo que Elizabeth não seria um bom modelo enquanto não estivesse num cenário natural. Seu senso espacial era pouco desenvolvido e Vermeer compreendeu que uma sala confortável iria relaxá-la e facilitaria as horas de imobilidade que ele iria necessitar.

Imobilidade. Por detrás da tela está uma história de tempo. Dante, o poeta e visionário, era obcecado pela idéia da morte durante toda a sua vida. Ele não conseguia remover as imagens de decadência – o corpo apodrecido, o sepultamento prematuro – de sua mente. Ele criou uma jornada que permanece tão moderna quanto é medieval. O inferno é, no final, um país da mente. A imaginação não é espacial. Não há dimensões num mundo de conexões antecipadas – onde as histórias são encontradas nos espaços vazios entre palavras e imagens. No entanto, não é exatamente por isso que retratos, memórias e imagens são tão atraentes, tão sedutores? Não é isto que aprendemos a fim de aceitar a maneira pela qual as imagens se tornaram parte central da nossa psique? E não é isto que está no cerne daquilo que entendemos por novo homem e, mais ainda, no que estamos começando a entender pelo virtual?

Sou um faz tudo... Sou também um leitor aficionado. Posso traçar uma conexão de Baudelaire a Bertrand Russel – eu posso escolher um pensamento de Paul Bowles e ligá-lo com Walter Benjamin. Estes são fragmentos que crescem numericamente enquanto eu envelheço – misturados com memórias, sonhos e fantasias –, uma frágil contraposição – colagem em constante movimento. Borges entendeu isto melhor que ninguém. Suas histórias são uma exploração interminável das conexões da linguagem e do discurso, memória e desejo.

Recordações são como tiras elásticas que cortamos e que se embaralham no cérebro até que não podemos mais encontrar seu começo. Quando falamos, nossas recordações são como as cordas de um violino.

Recentemente eu estava folheando um grande livro de fotos de história mundial – ele continha as fotos comuns que sempre aparecem em livros desse tipo. Eu achei uma imagem de um monge budista rezando num templo do Nepal. Seu semblante se mostrava sereno – mas a colocação da foto no livro e a legenda abaixo dela ("Monge em vestes tradicionais rezando para Buda") desvalorizava seu significado.

O monge está olhando interiormente com uma intensidade que sua posição física não pode expressar e que a fotografia não consegue nem investigar nem expor. Eu refleti sobre este paradoxo. Sem o livro, muito pouca gente teria a chance de ver a imagem de um monge no Nepal. A foto oferece uma evidência da prece, mas não pode confirmar que o monge esteja verdadeiramente rezando.

Eu penso: o monge permitiu a foto, ele ouve o *click* da câmara; ele decide encenar um pouquinho, seus pensamentos estão em como ele aparecerá e se o vazio que ele procura em suas meditações será comunicado.

Assim tanto o sujeito da fotografia quanto eu nos debatemos com o mesmo problema. Podemos mudar a moldura e sua geometria? Pode o ato privado de rezar se rearranjar numa metáfora com enorme poder de ultrapassar a meditativa imobilidade da imagem?

Eu rio sozinho. A imagem é tão imóvel *quanto aquilo*

que o monge procura em seu próprio interior – a atemporalidade com a qualidade de harmonia interior que poucos humanos alcançam. Esta é a imobilidade que Vermeer descobriu e isto explica porque suas pinturas sobreviveram tanto tempo conservando sua vibração, seu carisma e sua profundidade. Porém, o que não tem sido compreendido sobre essa profundidade é que ela é o resultado de séculos do olhar. Vermeer, tanto quanto a imagem do monge, nos proporciona as ferramentas que precisamos para explorar nosso próprio imaginário, nossa sensação do que é ver *e nossa própria identidade. Este é o espaço intermediário que eu mencionei antes neste artigo. É um espaço profundamente localizado no interior de um processo de troca entre vários elementos para os quais as imagens são simplesmente a plataforma e não a causa. Quando nós nos livramos da primazia do objeto e da imagem e examinamos a complexidade do objeto e do sujeito como sendo uma coisa só, organicamente interrelacionados e interdependentes, então o sentido de quem nós somos muda:* Isto muda também nossa relação com as imagens que olhamos, observamos e sobre as quais falamos.

Imagens são a 'face' da tecnologia no trabalho. Imagens são a evidência de nossas necessidades e janelas na nossa história. Elas são as ferramentas que usamos para explorar o mundo à nossa volta. Desde o começo, o poder da imagem televisiva, por exemplo, tem sido dependente de nossa necessidade de explorar a sua superfície, não só no nível de forma e conteúdo como também do tato, do olfato e do som. O melhor exemplo deste processo no trabalho são vídeos de música que colocam imagem e ouvidos em contato com os corpos no trabalho, dançando, gritando, cantando e, tudo isto, no contexto da casa ou numa sala de concerto. Lembremos, de qualquer modo, que muitos grupos de *rock* se apresentam ao vivo e muitos 'espectadores' vão aos *shows*. Uma cena de frequentadores assíduos de um concerto atirando-se por todos os lados é evidência da sensação física que a música provoca e que os seus aficcionados necessitam. Músicos tocam para a platéia, movimentam-se e reviram-se – uma comunhão que estende a tela de vídeo do virtual ao físico e vice-versa, sugerindo que ambos os processos são essenciais para a experiência, como um todo, ser efetiva. Esta não é uma força alienígena ou externa levando espectadores a se tornar (como nos delírios) obsessivos, até mesmo transbordantes de desejo de traduzir a música e as imagens em expressão corporal. Este é um dos fundamentos sobre os quais tornamos inteligível o universo de imagens e nada disso seria possível sem um extenso aprendizado ligando a subjetividade humana a processos da imagem.

Apreender com os ouvidos e os olhos é um ato consciente. E é por isso que importa muito pouco se a imagem é opaca (referente a ela mesma) ou transparente (diretamente ligado ao que ela representa). Na verdade, é a oposição entre o opaco e a transparência (algumas vezes traduzidos por espelho/janela), contraste este predominantemente cultural (por exemplo, documentário/ficção) que mantém as imagens a distância. Qualquer imagem, uma vez vista e/ou ouvida, não está mais distante das experiências que temos delas. Vídeos musicais são um bom exemplo de como esses processos acontecem. Os vídeos representam a música, eles mostram corpos que dançam – eles mostram não só o que é físico na criação musical, como também o potencial da performance da platéia. Vídeos musicais, especialmente os muito bons estrelados por grupos como o R.E.M., elevam a música a um primeiro plano, que não se configura nem como algo agradável para a visão, nem como uma experiência exclusivamente auditiva. Eles criam um espaço para a performance da significação que excede e, muitas vezes, enfraquece as camadas mediadas da projeção da imagem e a presumível distância que necessitamos ter da imagem para compreender o que ela significa. É para o corpo que dança que os vídeos musicais apelam, esse corpo que balança e volteia, sua e ri. É o corpo num grande tablado de dança que, de uma certa distância parece ser um de muitos, exatamente uma roda dentada de uma máquina, como os movimentos gagos de Janet e Michael Jackson. Mas tomado para o campo individual, para a descarga de energia, para o alívio do corpo das suas pressões diárias, subitamente explode a sexualidade Esta é a aparência assustada de todos os astros do *rock* depois de se apresentar no palco diretamente para dentro da câmara, da sala de estar, acenando, até implorando para os corpos que os assistem entrem em cena, no palco e no estúdio. Junte-se a nós enquanto dançamos! A ritualização é tão intensa que a tela da televisão não pode conter o que ela mostra. Fora desta explosão vem a energia de Lolapalooza, da comunidade de Deadheads (Cabeçasmortas), o balanço aparentemente uniformizando o ritmo de milhares de platéias pelo mundo inteiro. Incorporados e poderosos. Diferença definida através da ação, reação e criatividade.

O que mais podemos fazer, então, com pretensão de que os sons e as imagens sejam algum território estrangeiro interior onde inocentes desprevenidos tenham sido apanhados? Este é o argumento do *V-chip*, um lugar onde o desejo deve ser mapeado antes de ser experienciado, censurado antes de ser sentido. É ainda uma expressão do medo que imagens e sons (o cinema, por exemplo), produtos e produções dos próprios lugares e espaços que habitamos e compartilhamos, sejam antagonistas numa narrativa sem fim. Estas histórias empurram toda a ambiguidade para as margens. Elas são as histórias de teólogos que precisam inventar um mundo perversamente perdido num oceano de imagens. Mas, pensem por um momento na última vez em que o seu corpo dançou e se mexeu ao som de uma canção que elevou o seu espírito e de alguma forma lhe permitiu transcender o momento, a pista de dança e o bar. O mistério está no 'de algum modo', numa expressão não mediada do seu corpo. O seu corpo como imagem e som, como osso, massa, líquido, pensamento – simultâneamente idéia e expressão, você, trazido para dentro da pintura como uma mistura de muitas identidades –, este é o excitamento, o abalo orgásmico destas muitas instâncias quando a mediação fica à deriva (e é reconstruída com uma intensidade imprevisível). A *fruição* vem da nossa habilidade de nos transportarmos para dentro e para fora das imagens e sons os quais, em vários graus, se transformam nas representações do tempo e do espaço que habitamos. Muitas das distinções que usamos para elaborar estas diferenças perceptíveis entre as imagens e o eu são também o terreno no qual tão cuidadosamente construímos nossas fantasias do eu e do outro.

Este é, então, um dos fundamentos a partir do qual um novo senso de subjetividade pode ser sugerido e pode ser um dos modos pelo qual a questão do novo ou virtual humano pode ser concebido. Vermeer liga a câmara obscura à pintura e, através desta, a uma altamente sofisticada noção de representação. Quando a fotografia apareceu como uma mediadora, ela reforçou a idéia de que há uma ligação entre a realidade e a imagem. Então, assim que atravessarmos a nova era da digitalização, a fase seguinte de interação do homem com as imagens estará centrada no virtual. Ela estará centrada também na nossa dificuldade de incorporar o virtual, com a ironia que nossos corpos se tornaram veículos de comunicação. A fluidez do corpo e a complexidade das sensações que os homens lhe atribuem precisam agora encontrar seu lugar num mundo de emoção, autopercepção *e* também informação e dados.

Pode se argumentar que a acelerada relação entre homens e máquinas começou com a revolução industrial.

Essa relação então cresceu nos primeiros anos do século XX (com o aparecimento das tecnologias do cinema, aviões, carros, eletricidade, o telégrafo etc.), prognosticando o que estamos experienciando agora com as tecnologias computacionais. Descrições recentes de aviões ecoam o que estamos atualmente falando sobre espaço cibernético. De fato, as metáforas de transporte que consideram o movimento através do espaço e do tempo como 'virtual' tornaram-se cada vez mais firmes à medida que o século XX progredia para formas mais rápidas de transporte humano. Os melhores exemplos, de qualquer forma, vieram das telecomunicações. O advento das tecnologias via satélite e a convergência da televisão e das comunicações nos anos sessenta são os fundamentos sobre os quais construímos nossas noções de virtualidade.

O conceito de transmissão e comunicação instantâneas e a habilidade da nossa cultura de levar imagens e dados ao mundo inteiro em tempo real significam que a identidade humana não pode mais ser tratada de uma forma simplista. A capacidade de observar e experienciar as notícias de todos os lugares e a 'idéia' de que o tempo (e diferentes contextos) pode ser compartilhado contribui para a intuição de que não estamos 'vivendo' estes fatos dentro de nossas definições convencionais de tempo e espaço. Imagens podem ser instantâneas, mas a troca de experiências sobre tudo isso é subjetiva. Pode isso nos permitir definir o conceito de virtualidade de forma mais precisa?

A qualidade da forma virtual é diretamente proporcional à qualidade do ambiente no qual opera. O computador, por exemplo, é somente uma caixa, e no entanto pulsa com eletricidade e informação, com interações que não são nem auto-evidentes e nem mesmo relacionadas ao *input* (entrada de dados) inicial. Talvez as palavras que usamos – *input, output* (saída de dados) – para explicar programação, simplesmente não possam responder pela complexidade do que foi produzido. Por que, em todo caso, fazer uso do termo programar? Programas, criatividade, a criação de cenários, agendamento, escrita, estrutura, organização, todas essas palavras e muitas outras são parte e o todo da base conceptual que transforma o computador em algo mais do que um objeto. Programação é uma linguagem que dá atenção a todos os detalhes que são necessários para compreender ambientes digitais. O saber é organizado através de uma grade de previsibilidade, ainda que paradoxalmente o uso final possa tornar patente sua imprevisibilidade. Contudo, as qualidades mecânicas aqui encorajam um modelo que tenta domesticar a tecnologia e torná-la inteligível. Este modelo conduz a aquisição de conhecimentos a um processo imperceptível. Pense nisso deste modo, nós nunca precisamos de notas para apreciar e interpretar a música que ouvimos – precisamos ser 'literatos' (ou programadores) para compreender nossa relação com as imagens virtuais e a informação computadorizada?

Curiosamente, as tecnologias virtuais se apoiam muito fortemente no pensamento inferencial. Elas não somente fazem o real se tornar vivo como criam uma percepção dos muitos e diversos planos dos quais nossas percepções do real dependem. Um dos principais exemplos de tecnologia virtual é o aparelho de som digital e os CDs propriamente ditos. Podemos inferir que um certo CD tocará um determinado som e essa inferência terá muito a ver com a experiência. As propriedades desse processo de inferência não aparecem fisicamente no CD propriamente dito, nem mesmo quando o CD desaparece dentro do aparelho. Em outras palavras, nós iniciamos o ato de ouvir com um espaço virtual de expectativa vazio de estímulos sensoriais, ainda que afetado por diálogos e sentimentos interiores. O laser que ajuda a gerar o som é invisível. A corrente elétrica que energiza a música, dá a ela uma forma e nos permite ouvi-la é também invisível. Muito pode dar errado nesse processo, mas nossa fé no virtual permite que nós continuemos a inferir que, uma vez ligado o aparelho, um som emanará dele. Podemos argumentar que o virtual aqui está simplesmente sendo usado como substituto da expectativa e que isso está convenientemente atualizando os processos humano e cultural com os quais estivemos sempre envolvidos. De alguma forma, essa é exatamente a questão. O virtual, em vários graus, diz respeito a substituição e modos de comportamento com os quais os seres humanos se comprometem e como compreendem as máquinas que eles próprios criam. De maneira crucial, a máquina não age como um mediador entre ela mesma e a subjetividade. Mais propriamente, a máquina é um lugar de mediação na qual 'a máquina' pode atuar como o sujeito, assim como um humano pode atuar como o objeto.

A convergência de tantas tecnologias diferentes sobre as imagens cento e cinquenta anos depois da introdução e desenvolvimento da fotografia entre a população, sugere que nossa subjetividade e obsessão cultural com as imagens está enraizada no nosso próprio ser, como algo tão fundamental para nosso corpo quanto a linguagem, o olfato, o tato e a visão. A noção do virtual como um espaço ou lugar não pode ser responsabilizado por esse tipo de unidade. Virtualidade sugere, mais uma vez, que nós precisamos procurar fora de nós mesmos por alguma explicação para nosso intenso desejo de imagens e das experiências que vêm com elas.

Mas, e os 'outros' sentidos? As lindas cores da televisão nem de perto se comparam ao contato da minha mão com a água do mar. Imagens do oceano não podem ser comparadas aos sons e cheiros, às sensações inebriantes que sinto quando passeio por certas praias que já visitei. Em outras palavras, há uma diferença, nem tanto entre realidade e imagem, mas entre os sentidos e estes podem não ser oposições, mas certamente não são simples operações binárias. Nossos sentidos escorregam e colidem uns com os outros. Nossos corpos integram todas essas 'partes' ou, pelo menos, controlam todas elas e acompanham a maneira como essas partes interagem. As imagens não fogem a esse processo interminável. Elas são componentes integrais de tudo que definimos como sensual e isso não quer dizer que imagens são equivalente aos nossos sentidos. Melhor dizendo, 'ver uma imagem' não significa que 'ela' está fora ou além da visão. Ao mesmo tempo o visto é uma parte daquele que vê. E, estranhamente, mas também assombrosamente, as imagens tanto formam como deformam de uma forma circular dentro e fora dos corpos, nos marcando de maneiras diferentes, que às vezes são previsíveis e, muitas vezes, não.

Seria inconcebível, por exemplo, separar nosso conhecimento do tempo da nossa experiência do tempo. Apesar do tempo ser uma construção humana e cultural, apesar do temporal ser relativo e marcado por um sistema que pode variar de sociedade para sociedade, nosso 'sentido' do tempo está irrevogavelmente ligado não só à nossa maneira de viver, como também às raízes verdadeiras da nossa vida diária. Eu uso aqui o termo 'raízes' com muita precaução. Mas, em algum grau, a maneira como definimos nossas histórias pessoais está ligada ao fluir do temporal. Do mesmo modo, mas de um ponto de vista diferente, as imagens nos marcam e nós marcamos o mundo através das imagens. Seja o profundo senso de devoção que um ícone religioso provoca ou a profunda nostalgia que nos domina quando olhamos nossas fotos quando bebês, eu afirmaria que as imagens são tão fundamentais quanto o temporal para nos prover do 'sentimento' que somos humanos, que temos histórias, que aquilo que somos está tanto dentro quanto fora de nós. Esta visão holística de quem somos* não é geralmente aplicada às experiências

* N.T. – O Autor usou aqui um termo/trocadilho intraduzível, *wholistic*, juntando as palavras *who*=quem e *holistic*=holístico.

da imagem. Ao contrário, imagens são 'emolduradas' como se agissem em nós vindas de fora, como se elas fossem estranhas a nós, como se elas causassem ao mesmo tempo mal e bem através de processos que são externos à subjetividade. É esta ambígua suposição cultural que, eu argumentaria, afeta todas as configurações sociais que colocam as imagens num mundo não controlado por aquele que vê, não sendo propriamente uma interação mas uma obrigação (nós podemos ver as imagens de um país exótico mas não visitá-lo – sendo, portanto, improvável que tenhamos uma experiência 'real' de lugar, espaço e mesmo tempo), nem um processo de se tornar igualmente reativo e passivo. Em outras palavras, a experiência das imagens, de alguma forma, não é pró-ativa e, mesmo assim, tem um impacto.

Essas contradições se sustentam ao redor da visível necessidade de imagens e do desejo simultâneo e geralmente desesperado de saltar para fora da moldura e encontrar um lugar que tem a 'aparência' e a 'sensação' do real. No entanto, em nenhum lugar da história ocidental se pode afirmar que as imagens foram isoladas da realidade. Certamente existe uma diferença entre o contato com a água e uma pintura da água, exatamente como há uma só diferença entre ler sobre as ondas do mar em *Mr. Palomar*, de Italo Calvino, e olhar as ondas chegando na praia. Mas as diferenças são, no melhor dos casos, definidas por uma continuidade que nunca pode ser marcada por uma só cutilada ou pela simplicidade da oposição. Muito na mesma linha, nossa cultura aproximou as experiências da natureza como se as paisagens, por exemplo, fossem a expressão de atividades além do controle de seres humanos. A Natureza é a precursora inocente do que fazemos à ela. No entanto, a limpidez da terra, a majestade das Montanhas Rochosas existem não somente em relação à maneira como as usamos mas também porque transformamos as experiências visuais através da linguagem e dos sentidos. Assim, o que eu estou sugerindo é que não há necessariamente nem uma distância conceptual ou física entre as imagens que usamos para descrever as montanhas nem a necessidade de haver essa distância para, de alguma forma, tornar as montanhas mais reais. A sensação que o senhor Palomar tem das ondas é transmitida através do poder da linguagem e da minha habilidade de 'pintar' o que ele esta dizendo.

A intensidade metafórica não funcionaria se não fosse pelas imagens que eu compartilho com o personagem e com Calvino. Esse compartilhar faz das Montanhas Rochosas uma imagem e uma realidade ao mesmo tempo. Esta é combinação que age sobre os nossos sentidos e que torna possível qualquer sensação.

Isto é o que está no coração do novo humano.

A noção modernista, tão central nas nossas suposições culturais acerca de como as imagens funcionam e por que, que imagem e realidade são divisíveis, cria níveis de separação que se voltam para eles mesmos. A categoria do real de alguma forma estende os limites de quase tudo, ainda que a categoria da imagem não o faça. Imagens provocam e repelem mesmo quando seduzem. Existe uma repulsa mesmo enquanto nossos corpos desejam e são transformados pela visão e pelo que é visto. Nós dançamos enquanto imagem e corpo, enquanto símbolo e enquanto seres humanos sensatos. A linguagem não é tanto o grande fundamento sobre o qual esses processos são construídos, quanto é a expressão de tantas sensações físicas que sentimos quando palavra e sentimento, de alguma forma misteriosa, se encaixam. As imagens, qualquer que seja sua forma, de maneira nenhuma vão além das interações, às vezes admiráveis, muitas vezes momentâneas. Nós estamos tanto dentro das imagens quanto somos seus criadores. Nós coexistimos com o que retratamos e construímos hipóteses sobre o futuro e o passado através de nossas visualizações.

No coração dos processos baseados na imagem está uma forte atração e um medo igualmente forte da mediação. Imagens são vistas como filmes opacos ou transparentes situados *entre* a experiência e o pensamento. Os retroprojetores, que se tornaram obrigatórios em quase todas as salas de aula, são uma das melhores metáforas para essa divisão mediada da experiência em partes ou camadas. Um acetato fino é colocado no topo de uma lâmpada e a lente é focada. Parte demonstração, parte ferramenta de ensino, o acetato no projetor representa e reproduz o conhecimento geralmente na forma de um texto, algumas vezes através de elementos pictóricos. É como o filme, intocável e pode ser somente percebido pelos ouvidos e pelos olhos. O conhecimento é inteiramente mediado pela máquina, palavras são ampliadas ou diagramas são projetados. O acetato é como uma página, mas atua de forma diferente. A projeção é um ato público, assim como é a atividade de lê-la.

Argumentos que juntam mediação, imagens e experiência em um tipo de unidade, geralmente se esquecem tanto da inventividade da projeção quanto da dominação criativa do imaginário. Eles não antecipam a maneira contínua na qual reinventamos o próprio processo de invenção. A dificuldade é que as imagens voam pelas telas em filmes ou como projeções e, por causa disso, elas parecem estar além do nosso alcance. É por isso que o termo virtual é tão ambíguo, mas é também porque nossa cultura não pode entender como as imagens são interiorizadas e como elas transformam o que entendemos por subjetividade.

Nesse sentido eu argumentaria, como forma de conclusão, que os processos digitais abrem um novo leque de possibilidades. À medida que 'entrarmos' na imagem, descobriremos que ela não é um mundo estranho mas sim um novo nível do ambiente físico e psicológico que temos habi-

tado desde os primórdios da civilização humana. O novo humano nadará no artifício do virtual e, nesse processo recriará nossas suposições culturais e científicas sobre realidade e subjetividade.

O homem rompendo com o futuro?

René Berger

Ano 2000, partindo da Nova Zelândia (como esquecer os habitantes das ilhas Tonga cantando seminus?), passando pela Austrália, pelo Japão e seus monges, pela China e seus fogos de artifício, pelas pirâmides do Egito, pela tocha da torre Eiffel, pelo abraço do Times Square, até os confins do Pacífico, vinte e quatro 'Ano Novo' na sequência dos vinte e quatro fusos horários arrancados do *hic et nunc* secular. Com a ajuda da televisão e da Internet, o mundo se interroga. Os sinais alarmantes se multiplicam. Perdemos nossos parâmetros familiares. Nossas certezas deixam cair suas amarras. Nossa identidade vacila. Simultaneamente explodem sinais anunciadores. O genoma humano perto do deciframento final[1], a esperança de uma vida indene do nascimento à morte. A morte? Em breve, um mito fora de moda? Os órgãos de substituição já estão 'disponíveis'. Na falta destes, a clonagem nos promete 'sósias e amanhãs que cantam'. O excesso de população instala-se no espaço cada vez mais próximo, enquanto os extraterrestres nos preparam um lugar em sua vizinhança: oh Seti, que já faz apelo aos Terráqueos[2]! Mais forte que a fé, o 'todo-numérico' revira as montanhas e, o que vem a ser o mesmo,

[1] HUGO: *http://www.gene.ucl.ac.uk/hugo/*.
[2] SETI (Search for Extraterrestrial Intelligence): *http://setiathome.ssl.berkeley.edu/*.

revira nossos costumes.[3]

A perplexidade vem acompanhada pela angústia. Cada dia traz seu quinhão de novas contradições. Os jornais impressos, radiofônicos, televisivos, encadeiam atualidades políticas, catástrofes naturais, apresentações esportivas e científicas incisivas, provocando colisões tão graves quanto escasso é o tempo para tratá-las, exceto acidentes de tráfego que têm, pelo menos, o mérito de interromper o trânsito por um momento! Não estaríamos lutando com o que poderíamos chamar 'aberturas espasmódicas' que transtornam nossos alicerces mais inveterados, até as estruturas de nosso espírito? Como prova, a constatação perturbadora que vale como diagnóstico: a 'incoerência' da qual nos queixamos não esconde o fato que a 'coerência', cuja falta fingimos sentir com tanta força, já não é senão mais que uma lembrança e que a 'incoerência' multiforme e galopante que hoje impera seria talvez o lugar e o motor da 'coerência' (podemos ainda chamá-la assim?) futura[4]!

Na verdade, foi depois de alguns séculos que o processo se iniciou, quando o espírito científico, simbolizado por Galileu, rompeu com o mundo unitário criado e governado por Deus para quem a Igreja, por tanto tempo, assegurou o reinado daqui de baixo. No século XVIII, foi a revolução industrial que sacudiu a sociedade inaugurando o reinado da Produção-e-da-riqueza (a Pobreza rechaçada como doença vergonhosa). Há meio século, as *mass mídia* (mídias de massa), principalmente a televisão, inauguraram a 'tecno-Pentecostes' que pretende, depois do 'babelismo' das nações, remediar a dispersão das línguas com a unidade da imagem emitida com zelo pelas ondas hertz, satélites, cabos, todo um 'clero' mediático, cujos costumes e equipamentos encontram-se por toda parte. Mas

---

[3] Laurent Cohen-Tanugi, *Le Nouvel Ordre numérique*, Odile Jacob, 1999.
[4] Ver René Berger, *L'Origine du futur*, éditions du Rocher, 1996, cap. 2: "Médias, les avatars de la télévision".

eis que uma outra reviravolta aconteceu, há algumas décadas, com o aparecimento do computador. A princípio, modesto prolongamento da régua de cálculo e da máquina de escrever, o computador, rapidamente, se transformou em um parceiro indispensável e exigente que transforma tanto as empresas como a vida pública e privada ("um computador em cada lar", sonhava Bill Gates, que a Microsoft atendeu além do esperado[5]). E eis que, em um intervalo de apenas cinco anos, a Net e a Web associadas envolvem o planeta, túnica de Nessos ou rede salvadora? Mas a alternativa já está caduca. O fenômeno, ao mesmo tempo exógeno (em todos os lugares) e endógeno (devido a nossas info-práticas diárias) propaga-se com tal rapidez, que nossa entrada no novo milênio tem menos de 'passagem' do que de 'salto quântico'.

Analisemos a situação:

Ao mesmo tempo que continuamos encerrados, como nossos distantes antepassados, dentro de um corpo mortal, não deixamos de nos exteriorizar em todas as direções, através do espaço e do tempo, através das tradições e inovações, através do real e do virtual, parâmetros e calendários cancelados[6]. Ao mesmo tempo que continuamos atados a nossos cérebros dentro de seu modesto abrigo craniano, não deixamos de nos ramificar para a imensidão de fluxos que enervam redes cada vez mais vastas, cada vez mais poderosas. Que será de nosso futuro?

Ao preço de um esquematismo talvez excessivo, podemos adiantar que o paradigma, ou seja, o conjunto dos princípios, das regras e dos valores que nos orientaram até aqui, baseou-se, através das civilizações, em *dispositivos tecno-simbólicos* que podemos sintetizar através de alguns conceitos chave:

---

[5] Microsoft: htpp://www.microsoft.com/

[6] Calender Converter: htpp://genealogy.org/~scottlee/calconvert.cgi

– *técnico*: no sentido amplo que proponho aqui, designa o conjunto dos meios para fazer com que uma coisa exista em função de um objetivo e dentro de um contexto determinado;[7]

– *simbólico*: no sentido amplo, designa o que, além da função como objetivo, nos envolve em uma ação que faz sentido para uma comunidade;

– *imaginário*: designa o conjunto das crenças, das imagens e dos comportamentos que asseguram a ligação orgânica entre técnica e simbólico e que dão lugar às diferentes culturas na diversidade de suas expressões sociais, políticas, religiosas: dança, música, literatura, arquitetura, artes visuais, instituições.[8]

Este paradigma, que podemos qualificar como 'clássico', manteve-se durante séculos, dependendo do tipo de civilização, estável ou relativamente estável, que conhecemos até aqui. Ele se caracteriza por um equilíbrio durável entre o *simbólico* e o *técnico*, regulados por um *imaginário,* ele próprio estável ou relativamente estável. Sem dúvida, a civilização egípcia, assim como a civilização chinesa, passaram por várias mudanças ao longo de sua história, mas estas não afetaram sua base, que permanece 'reconhecível' até na aparência que hoje ostentam.

Poderemos assim, se não explicar, pelo menos esclarecer a mudança 'quântica' da qual nossa época foi tanto a autora como o palco? Ao preço de um outro esquematismo, diria em essência o seguinte: por séculos, a estrutura ternária 'tecno-imaginária-simbólica' colocou ênfase no *simbólico*,

---

[7] Technique/technologie, OEUF: *http://sgwww.epfl.ch/oeuf/load-txt.pl?type=3?id=43*

[8] Ver Gilbert Durand: *http://perso.club-internet.fr/nicol/ciret/bulletin/b13/b13c10.htm*, com bibliografia como a obra clássica, *Les Structures anthropologiques de l'imaginaire*, Bordas, Paris, 1969, 1983.

longamente elaborado pelos 'teólogos' e pelas crenças populares, que adquiriu corpo nas religiões, nas instituições, nas artes e, em menor escala, no *técnico*. As polarizações que disto resultaram colocaram 'naturalmente', por sua vez, a ênfase no *imaginário simbólico*. Consideremos as cosmologias egípcia, chinesa, indiana ou, mais próximo de nós, a incalculável iconografia cristã cujas representações povoaram a Idade Média e chegaram até nós.

Se o imaginário simbólico perdurou por tanto tempo, não foi porque as técnicas que o exprimiram, arquitetura, escultura, pintura, escrita, música, não tenham evoluído, mas exatamente ao contrário, porque elas estiveram quase sempre ligadas ao imaginário simbólico corrente que assegurava sua 'significação'. Assim as semeaduras, as colheitas como o batismo, o casamento, a morte, 'regulavam' os trabalhos e os dias, reconduzindo-os de uma geração para outra. O que constitui, no sentido específico, a *tradição*, que transmite através da palavra, da escrita, ou de qualquer outra expressão, as obras e os valores mantidos eles mesmos como exemplares e duráveis.

São estas condições que nossa época transtorna até suas fundações: a ênfase colocada tradicionalmente sobre o 'simbólico' desloca-se, pouco a pouco, para o 'técnico', na maioria das vezes através de golpes, atraindo um campo de polarização em favor deste. Como prova, no tocante à língua, a ascendência do prefixo *tecno*[9] para indicar toda uma série de atividades em mutação: por exemplo 'tecnocultura', de onde procede o núcleo superativado de 'cibercultura', até à tecnomúsica, abreviada como 'tecno', mas que reúne, periodicamente, em Berlim, Zurique, Paris, mais de um milhão de fãs.

O desafio adquire hoje proporções radicais. Trata-se,

[9] Techno (música): h*ttp://www.britannica.C.om/bcom/eb/article/1/0,5716,102181+1,00.html*

nada menos, de inventar nosso futuro construindo-o e de construir nosso futuro inventando-o. Descobrimos que a tecnologia está cheia de manifestações que se multiplicam todos os dias, dando origem a configurações ainda não identificadas e, no entanto, já em vias de realização. Descobrimos que as técnicas, como as idéias, como os sentimentos expressos através das palavras, como as representações figuradas ou mentais, são dotados de uma força de instauração que chamo de 'tecno-úrgica'. Não se trata de um passe de mágica lingüístico. O termo 'tecnologia' (etimologicamente, discurso sobre a técnica), se leva efetivamente em consideração as condições da língua, não o faz, ou o faz insuficientemente, com o poder *sui generis* das técnicas, que se tornou preponderante em nossos dias. O que produz o sufixo *-urgia* (do grego *ergon*, antigamente *wergon*; ver o alemão *Werk*, o inglês *Work*, 'fazer', 'agir sobre'). Compatíveis com as sociedades 'estáveis', pelo menos regidas por um dominante estável, os sistemas, que por muito tempo obedeceram ao 'projeto' do espelho-conceito, reflexo e modelo da *realidade-logos*, calam-se em processo de trans-realidade, de *realidades-úrgicas*, poderíamos dizer, que dão ênfase à sua afiliação às técnicas.

Esta mutação se acelera ainda com a formidável expansão do 'todo-eletrônico', filtro do 'todo-numérico' que encontramos até nos *wearables*[10], disfarçados nas roupas, nos automóveis, nos aviões, em parte já em nossos órgãos, e cujos recordes a Bolsa arrola, triunfantemente, todos os dias. Para não deixar dúvidas, o paradigma clássico é substituído por um paradigma de um novo tipo, que chamo de 'paradigma móvel', passível de articular e de orientar a mutação para um novo sentido. Desde que nós questionemos, pessoalmente, hábitos, comportamentos, maneiras de pensar, a partir de nossas novas experiências, que não pa-

[10] Wearables: *http://wearables.blu.org/*

ram de se multiplicar e de ficar complexas. É o que convém examinar.

Durante séculos, o fato foi percebido através de um testemunho ocular e/ou auditivo, ou seja, ligado à percepção que está, por definição, *hic et nunc*, relacionada aos interlocutores ou, por procuração, através da escrita, da imagem, do impresso endereçado a destinatários cujo número varia, mas que permanece limitado ao alcance dos suportes. Em nossos dias, a televisão 'intermedeia' o fato diretamente para o endereço de milhões de pessoas espalhadas por todo planeta. É o caso das grandes competições esportivas, futebol, tênis, jogos Olímpicos[11], copas do mundo. Segue-se uma renovação que, dependendo do acontecimento e da hora em que este acontece, distribui e articula os telespectadores em populações distintas ligadas à sua tela. Através das fronteiras nacionais e culturais, surgem assim 'produções' que não são somente função de conteúdo, mas de poder 'tecno-úrgico' da televisão. Realmente, sem jogo, não haveria transmissão, mas sem televisão, não haveria competições esportivas, pelo menos desta natureza, limitadas que seriam ao ambiente local, quando muito nacional, que atrairiam somente os próprios espectadores locais, quando muito nacionais. Podemos portanto dizer que o 'esporte' em suas diferentes manifestações, tornou-se, *por causa e no interior das técnicas*, muito mais que um assunto ou um tema com valor intrínseco. O poder 'tecno-úrgico' da televisão lhe confere uma natureza de um tipo novo que 'inventa' os 'recordes', as 'alegrias mundiais', o comércio dos 'jogadores-vedetes', o *merchandising* a que estão expostos, os 'fãs' que se deslocam de jogo em jogo (incluindo os hooligans), as formas de 'estruturar' a família em função das transmissões, as emoções, os valores e as reações de cada telespectador seguindo os vinte e

[11] CIO: *http://www.olympic.org/*.

dois jogadores *mutando-se* em milhões de clones através de telas interpostas, ele próprio mutante inconsciente clonado em milhões de exemplares!

Tais fenômenos recusam as análises meramente causais ou estatísticas que geralmente recebem. Ao contrário da análise estrutural, ilustrada por Propp[12] e Levi-Strauss[13], que dão ênfase às estruturas, destacando o espaço do relato em 'situações-típicas', 'personagens-típicas', 'acontecimentos-típicos' articulados por ligações de inteligibilidade inspiradas no modelo lingüístico, o novo imaginário em gestação realça as *figuras-fluxo*, ou seja, fenômenos que, em vez de se estabilizarem em estruturas analisáveis no modo estrutural, agem através de 'atrativos' complexos repletos de novas modalidades criativas, nas quais o tempo torna-se o fator preponderante e certamente o mais perturbador.

Os acontecimentos foram longamente estudados e continuam a sê-lo, segundo o eixo diacrônico e/ou sincrônico. O segundo, exaustivamente destacado por Saussure, está no centro da renovação da lingüística, fonte do estruturalismo. O primeiro identificou-se, por muito tempo e continua a sê-lo, com a cronologia, coluna vertebral da história. Notemos que nos dois casos, lidamos com uma concepção-percepção própria da disciplina histórica clássica, baseada no estudo racional dos arquivos, dos documentos, dos testemunhos, todos fatores levados em conta pelo historiador, graças a um certo 'período de estudo, de consulta e de produção' particulares de sua disciplina e gerador de estruturas e de comportamentos determinados.

Ora, é exatamente esta situação, ao mesmo tempo da história e das práticas que ela produziu, principalmente a partir do livro, que é questionada em nossos dias. O tempo

---

[12] Vladimir Propp, *Morphologie du conte*, Le Seuil, 1965 e "Star Wars": *http://www.anu.edu.au/english/jems/propp.html*

[13] Claude Lévi-Strauss: *http://www.france.diplomatie.fr/culture/france/biblio/folio/levi/*

real *(real time)* converte pela primeira vez o *tempo-duração*, tal como ele existe tradicionalmente nas narrativas e nos relatos históricas, em *tempo-instante*, passível de coincidir agora conosco e, com a ajuda do computador ou do telefone celular, nós com ele. Isto nunca existiu antes. Enviar ou receber um e-mail, consultar um banco de dados universal instantaneamente, desafia nossas práticas ancestrais que exigiam, para cada uma destas operações, um tempo proporcional ao conteúdo e à técnica empregada: munir-se de papel e caneta, escrever uma carta, colocá-la dentro do envelope, fechá-lo, selá-lo, colocar no correio, ir à biblioteca, procurar a obra em questão, conseguir retirá-la, tantas operações da informática 'curto-circuito', metáfora que precisa receber seu sentido pleno. Não se trata, com efeito, de se contentar com banalidades do tipo 'fim do papel, eliminação das distâncias, eliminação do tempo', banalidades tão mais perigosas se nos induzirem a pensar linear e quantitativamente, que são ambos caminhos inadequados.[14]

De fato – e é aí que chegamos trazidos pela reflexão sobre nossas práticas – o *real time* introduz um tipo de relação, uma interface, que não substitui nossos comportamentos precedentes mas os reestrutura e, por conseguinte, reformula o conjunto de nossas relações. Em seu verdadeiro sentido, o curto-circuito coloca em relação dois pólos de potencial diferente. No presente caso, a experiência do tempo que praticamos há séculos, particularmente por intermédio do livro, implica sempre em uma duração, à qual o tempo real coloca bruscamente um termo para substituí-lo por um 'coeficiente de presente' levado ao extremo, a ponto de a operação *on line* ser vivida dentro da *quase simultaneidade*. Insistindo, o *real time* não elimina o tempo que conhecemos e que continua em nossas práticas *off*

[14] Santa Fe Institute: *http://www.santafe.edu/*

line, ele instaura o que poderíamos chamar de 'atrativo do imediato', que leva nosso imaginário a satisfazer nossos desejos e nossas pulsões no ato, nossas reclamações e nossas decisões também. As próprias estruturas profundas do inconsciente são afetadas por ele. Em vez de se ancorar em um passado estabilizado, tal como colocaram em evidência Freud, Jung e os outros psicanalistas, elas tendem a se ligar e a se desligar ao sabor das circunstâncias, como trajetórias infinitamente recomeçadas que os atrativos multiplicam sem nunca superpô-las.

O tempo real não corresponde, portanto, a um mero 'encolhimento' do tempo, menos ainda à sua 'eliminação'. O tecno-imaginário que ele contribui para formar favorece o aparecimento de novos híbridos da tecnocultura, como os video-games, outro 'mega-atrativo'.[15] Passando da PlayStation 1 para a PlayStation 2, os criadores de projetos da Sony não apenas conseguiram conferir às imagens um realismo próximo ao do cinema, como também fizeram nascer, dentro do espaço lúdico, instâncias imaginárias de um novo tipo. Em vez de continuar nos jogos de combate praticados até agora, que consagram a vitória apenas no plano físico, como nas partidas 'reais', os jogos colocados no mercado e os que estão sendo preparados – já é uma opção vislumbrada pelos criadores-produtores – nos levam a uma dimensão metafísica igual à criada pelas cosmologias e pelos textos chaves das grandes civilizações.

Já que os video-games recorrem cada vez mais à rede e que, como escreve um jornalista: "Milhões esperam pela boa nova: as primeiras guerras mundiais on line... Uma conexão e eis você matador em série", poderia acontecer de os combates se reorganizarem como no *Livre des Morts,*

---

[15] Video game: *http://home.about.com/games/videogames/msub12.htm.* Sony, PlayStation 1 e 2: da primeira foram vendidos, lembremos, mais de 70 milhões de exemplares; da segunda, lançada em março de 2000 no Japão, foram vendidos mais de um milhão de exemplares nos dois primeiros dias. Cito estes números não porque esteja preocupado com 'recordes', mas para destacar a amplidão de um fenômeno de sociedade que ainda não atinge muito os adultos.

na epopéia de Gilgamesh[16], no *Bhagavad-Gita* (em sânscrito na Net[17]), na tragédia grega, no Antigo e no Novo Testamento, a Internet transformando-se no novo palco dos 'jogos do mundo'.

A base da mutação em ação deve ser procurada, creio, na mudança do tipo da ligação. Nenhum ser, por simples ou por complexo que seja, sobrevive nem pode sobreviver isoladamente. Os *laços* são a própria condição de sua existência, de toda existência. Laços endógenos, que ligam entre si os componentes de um organismo; laços exógenos que ligam os seres entre si com seu meio. O princípio motor do laço, o que constitui, ao mesmo tempo, sua inspiração, sua manifestação e sua realização, retorna ao que podemos chamar o *fenômeno de ativação.*

Em outras palavras, a ligação existe na medida em que é *ativada,* ou seja, vivida na relação de um sujeito com um 'objeto' (coisa ou ser). Ora, a particularidade da Web, o *hipertexto,* é permitir o *estabelecimento de uma ligação de um extremo ao outro do planeta, do fundo da memória mais longínqua às notícias mais recentes do dia, com quem quer que seja, imediatamente, em toda parte.* Eis, portanto, que a conexão vivida em tempo real inaugura um imaginário que, em vez de remeter-se com prioridade às *referências,* como fazíamos habitualmente até agora, *forma-se à medida que a ligação se expressa,* tornando-se a ligação ativa, senão mais importante, pelo menos a rigor mais significativa que o próprio conteúdo da associação. Como diz Tim Berners-Lee, o inventor da Web: *"If everyone could do this, then a single hypertext could lead to an enormous, unbounded world"* (Se todos pudessem fazer isto, então um único hipertexto poderia conduzir a um enorme e ilimitado mundo).[18]

---

[16] Gilgamesh: *http://www.wsu.edu/~dee/MESO/GILG.HTM.*
[17] *Bhagavad-Gita: http://www.asitis.com/.* Em sânscrito: *http://www.iconsoftec.com/gita/GO1.ps*
[18] Tim Berners-Lee, *Weaving the Web,* Harper, San Francisco, 1999, p. 34.

O homem do futuro somente poderá ser o homem do futuro e o homem do futuro apenas poderá acontecer se se ligar aos outros na própria instância de sua ação.

Ora, tudo acontece hoje como se a formidável extensão de nossos recursos técnicos, entre os quais a explosão informática é sem dúvida a mais espetacular, estivesse acompanhada simultaneamente, ainda que, secretamente, por uma aspiração de *recuperar a ligação original.* Não apenas acrescentando alguma coisa ao que não existia, mas reativando a *instância criativa* que nossos antepassados tinham começado a manifestar nas cavernas da pré-história, para entrar em contato com a Terra por meio de uma operação quase mágica ou mística de participação e que nós fomos chamados a continuar.

Durante muitos séculos, foi através da *representação*, no sentido mais amplo, que se manifestou o conteúdo-suporte por excelência, com sua lógica e coerência peculiares. Em nossos dias, ela aparece não mais como um dado primitivo, mas como um fenômeno histórico, produzido por um certo tipo de civilização construído sobre a estabilidade do território e a estabilidade sociocultural das instituições.

Com a explosão tecnológica de nossa época, é o próprio *modelo* da representação que se manifesta. O espaço rompe com as geometrias tradicionais para ganhar, na sutileza dos fractais, o impulso do ilimitado. O tempo se liberta da cronologia para se dispersar, como um novo *big-bang,* nas turbulências do incomensurável. Escravizada por muito tempo pela avidez e pela exploração, a Terra recupera a fecundidade de Gaia e das deusas-mães.

Uma nova etapa da Evolução está acontecendo. Espelho, memória, história foram projeto comum durante séculos. Mas eis que a *tecnogênese*, fundindo o simbólico e o tecnológico, submerge o modelo de outrora. É preciso, no entanto, evitar a crença em uma sucessão de etapas, no sentido linear do termo. Na verdade, e o fenômeno torna-se crucial com as novas tecnologias, seria antes de intervalo de fases que deveríamos falar. Em outras palavras, os fenômenos emergentes, longe de se inscreverem na sequência dos estados precedentes, iniciam geralmente uma 'perturbação' que, algumas vezes leve, irá se dissipar, outras vezes ganhando em importância por se amplificar, dará lugar a uma 'bifurcação' passível de mudar radicalmente o sistema, não somente arrastando-o para uma direção imprevisível, mas alterando o conjunto de seus elementos e de suas funções, ao mesmo tempo que as relações que mantemos com ele.[19]

É neste sentido que podemos falar de uma 'Interface Cultura', muitas vezes desconhecida: "*In its simplest sense, the word (interface) refers to software that shapes the interaction between user and computer. The interface serves as a kind of translator, mediating between the two parties, making one sensible to the other.*"[20] ["No seu sentido mais simples, a palavra (interface) se refere ao software que modela a interação entre o usuário e o computador. A interface serve como uma espécie de tradutor, mediando as duas partes, fazendo um sensível ao outro."] O que é o prolongamento, de alguma forma, da célebre "*The medium is the message*" de McLuhan[21]. Em resumo, esta noção básica de interface esclarece a dupla ação recíproca entre a mídia ou o instrumento e o usuário de um lado, o usuário e a mídia de outro. Em nossa experiência corrente, o livro condiciona nossos comportamentos e os conteúdos que integramos, assim como reciprocamente nós condicionamos a natureza do livro e de suas manifestações.

Esta relação de reciprocidade complementar é de tal

[19] Ilya Prigogine: http://order.ph.utexas.edu/people/Prigogine.htm. David Ruelle, Hasard et Chaos, Odile Jacob, 1991.
[20] Steven Johnson, Interface Culture, How the New Technology Transforms the Way We Create and Communicate, HarperEdge, 1997.
[21] Marshall McLuhan: *http://www.mcluhanmedia.com/*

forma importante de se destacar que quase sempre tendemos a esconder uma das partes: ou nos concentramos no conteúdo do livro, ou nos concentramos em nossos hábitos de leitura e, se questionados, mencionamos de passagem o livro eletrônico ou *e-book*[22]. Ora, é a própria complexidade da interação que constitui o fenômeno. Além do sentido limitado que ela recebeu em informática (relação entre o computador e o usuário), *a interface* designa, no sentido mais amplo, o conjunto das relações que estabelecemos com o fenômeno informático estendido à prática da Net e da Web. Em essência, a interface é um *ambiente* e é nesta multidimensão que é conveniente encará-la.

Procedimento tão mais difícil na medida em que, enquanto nossos hábitos continuam estáveis, a própria interface tem o aspecto não somente estável, como 'natural'. É somente quando uma nova técnica (uma nova teoria, uma nova ideologia) se inicia, para em seguida se impor, que o caráter 'natural' da interface-ambiente estabelecida, que nós identificamos com a 'realidade', começa a ser colocado em dúvida para surgir finalmente como um conjunto de convenções, cuja análise pode precisamente, *por comparação*, colocar em evidência o seu caráter convencional e, portanto, 'artificial', apontando simultaneamente para o futuro como 'invenção'. Inventar o futuro, este é o desafio do homem para transpor a ruptura. Sua esperança também.

Da mesma maneira que nossos ancestrais deram forma a seu imaginário no interior das cavernas da pré-história, os 'primitivos do futuro' que somos são chamados, na imensa nebulosa das redes que se desdobram, a 'desenhar/desejar' (*design*) as figuras-fluxos passíveis de cons-

---

[22] Livro eletrônico: *http://www.softbook.com/*. Em francês: *http://www.cytale.com*. "O livro do futuro parece um grande livro encadernado, do tamanho de um 'best-seller'. Sob a capa de couro ou tecido, uma tela de 21cm por 16cm fixa uma página do texto. Comandos simples permitem que as páginas sejam viradas, que o livro seja trocado, que se entre em uma biblioteca e ainda muitas outras coisas."

truir nosso tecno-imaginário simbólico em gestação, o qual já é anunciado por novas formas que, mesmo que elas escapem das expressões clássicas e coloquem à prova a imagem fixa e móvel do livro, talvez abram caminho para uma nova dimensão da poesia.[23]

---

[23] É difícil dar exemplos através do suporte livre do qual se afastam resolutamente as experiências em andamento. Assim, como perceber o que acontece? Primeiramente abstendo-se dos julgamentos de valores abusivos! Assim como seria ridículo associar ao passado a poesia 'escrita', assim como a pintura e a escultura clássicas, também seria ridículo, ou no mínimo pouco inteligente, considerar aquelas experiências, como se escuta com frequência, nulas ou inexistentes.
Na medida em que nos abrimos para a problemática que esbocei, somos forçados a concluir que:
1) O meio ambiente no qual se manifestam estas experiências é indissociável de recursos técnicos específicos, muitas vezes muito sofisticados. É assim que a video arte, exatamente como a arte no computador, são indissociáveis do magnetoscópio e do computador, assim como das condições de apresentação adaptadas. Na verdade, o que aconteceu com as artes clássicas, pintura, arquitetura, escultura, gravura, é que todos recorrem a técnicas específicas às quais estamos, o fato merece ser destacado, tão habituados que elas criaram, com o passar do tempo, as condições de acesso exigidas (até os arcanos da ópera !).
2) Se, portanto, estas condições técnicas são indispensáveis à produção de novas expressões artísticas, precisamos acrescentar que é impossível julgar se não dispusermos pessoalmente do equipamento adequado. Não necessariamente o equipamento usado pelo artista, mas aquele indispensável para poder ter acesso aos trabalhos ou às experiências propostos. Por isso, muitos destes permanecem herméticos, estranhos, até mesmo objeto de resistência ou mesmo de hostilidade.
Convem, portanto, proceder a uma renovação das condições de acesso, mas que, na maioria dos casos, não estão ao alcance nem na prática do amador particular. O que, em geral, galerias e museus complementam. Por exemplo, a atual retrospectiva do artista Nam June Paik, pioneiro da video arte: Nam June Paik – Guggenheim Museum (*http://www.guggenheim.org/exhibitions/paik/index.html*), de 11 de fevereiro a 26 de abril de 2000: "No artist has had a greater influence in imagining and realizing the potencial of video and television... Through a vast array of installations, videotapes,

global television productions, films and performances, Nam June Paik has reshaped our perceptions of the temporal image in contemporary art." (Nenhum artista influenciou tanto a imaginação e a realização do potencial do vídeo e da televisão... Através de uma vasta disposição de instalações, videotapes, produções televisivas globalizadas, filmes e apresentações, Nam June Paik tem dado nova forma às nossas percepções da imagem temporal na arte contemporânea.)

3) Finalmente, e este é o ponto mais delicado, nosso espírito está tão ligado à arte que conhecemos, que é difícil penetrar, mesmo nos lugares apropriados, na estética destas novas expressões. Para consegui-lo, muito mais ainda, para saboreá-las e ainda mais para julgá-las, é indispensável – condição *sine qua non* – fazer com que elas sejam o objeto de uma experiência prolongada. Com efeito, é somente através da experiência que podemos ganhar o espírito 'interfacetado' para estas novas expressões.

É compreensível porque, na impossibilidade de poder manejá-los na 'proximidade do livro', eu me limitarei a indicar um certo número de sites que poderão ser explorados a partir de seu próprio computador na Internet. Eis algumas referências que poderão ser consultadas com interesse desde que se esteja equipado e tenha a paciência de tomar parte pessoalmente nas experiências propostas, algumas excelentes, outras menos, algumas enfadonhas. Mas como poderia ser de outra forma nas artes (e não somente nas artes), em nossa época? Uma razão a mais para tentar e perseverar!

Além dos principais museus do mundo que possuem uma seção de arte de pesquisa, podemos destacar: repertório <Yahoo.com> Artes e Humanidades; enciclopédia das novas mídias; festivais: Ars Electronica: *http://www.aec.at/;* VideoFestrival Locarno: *http://www.tinet.ch/videoart/; http://www.newmedia-arts.org/;* revistas, maganizes: Leonardo: *http://mitpress.mit.edu/e-journals/LEA/;* Wired: *http://www.wired.com/wired/current.html*; Guia internacional das artes eletrônicas: *http://nunc.com/aide.phtml*

Os homens do futuro

Joseph Brenner

Introdução

Não é difícil imaginar o homem do futuro: ele aprendeu a aprender; ele participa da meditação transreligiosa e transcultural; ele é *info-rico* e *info-generoso*; ele faz parte de uma hierarquia distributiva; ele é sensível aos riscos sociais, culturais e éticos do ensino; ele tem uma atitude transdisciplinar vivida; o princípio do terceiro incluído lhe é natural, incontestável; ele mudou seu sistema de referência; ele aceita a complexidade da vida, inclusive a de todos os dias; ele realiza seu potencial criativo; ele compreende as normas e as leis que regem as relações entre os seres vivos.

Devemos esperar, em nome do mundo, que haja pelo menos trinta e seis homens e mulheres semelhantes, a exemplo dos trinta e seis Justos na tradição judaica!

O significado desta caricatura deveria estar claro: se *todos* os homens não possuírem estas qualidades agora, muito menos as terão no futuro. Amanhã, como hoje, haverá uma distribuição dos seres humanos em categorias mais ou menos bem definidas. A tradição tibetana dá uma ilustração figurada destas categorias:

1. Os deuses
2. Os deuses ciumentos
3. Os seres humanos
4. Os animais
5. Os fantasmas famintos
6. Os demônios

Como é claramente mostrado no livro recente de Chögyam Trungpa, não se trata de histórias míticas, mas de retratos psicológicos bem reais, descrevendo níveis de consciência e de inconsciência, de passividade e de agressividade, de equilíbrio mental e de desequilíbrio. Encontramos estas idéias nas palavras de Henry Corbin, quando este fala da hierarquia espiritual na tradição muçulmana. Os graus entre os homens são determinados por suas capacidades interiores: cada nível corresponde a um modo diferente de ser.

Esta descrição da humanidade como um todo permite a colocação de duas questões essenciais para o tema que nos interessa:

– A *distribuição quantitativa* dos homens nestas seis categorias (ou em seus equivalentes) vai mudar e, em caso positivo, em que sentido?

– É possível exercer *uma influência* sobre esta distribuição por meios moralmente aceitáveis?

Nos parágrafos seguintes vamos tentar imaginar a evolução dos homens do futuro e responder às questões acima.

A evolução biológica

Apesar da publicação recente de alguns trabalhos oportunistas, não existem evidências de uma nova evolução biológica provocada por uma mudança no patrimônio genético da humanidade. A despeito da importância dos estresses psicológicos e ambientais na vida atual, a escala temporal é curta demais para observar tais alterações.

Alguns aspectos teóricos e algumas hipóteses

Uma pesquisa informal como esta requer também a colocação de princípios fundamentais em relação a uma problemática precisa. O tema do homem do futuro, como observou Michel Camus, demanda uma análise transdisciplinar. Aqui a referência está representada pelos três pilares da transdisciplinaridade, segundo Basarab Nicolescu e seus colegas: a complexidade *e* os níveis de realidade *e* o princípio do terceiro incluído.

Poderíamos também tomar como ponto de partida a transdisciplinaridade dos paradigmas universais, o que leva, como todo novo paradigma, a uma nova estruturação do saber não disciplinar. Infelizmente, este ponto de vista holístico e integrativo deixa a porta aberta para a falta de rigor e outros tipos de descontroles. Pensamos, por exemplo, no triste sistema elaborado por Buckminster Fuller, no fim da vida, seu ensaio de uma teoria do 'Todo'. O sistema de paradigmas universais é menos útil para examinar as contradições e os modos da resolução destas. Dentro de um espírito transdisciplinar, deveríamos poder usar as *duas* visões para a transdisciplinaridade.

Se considerarmos o nível de realidade onde se acha *o homem-na-sociedade*, não poderemos deixar de constatar a existência de contradições extremamente básicas inscritas no patrimônio genético que o homem partilha com o restante dos seres vivos. O deslocamento dos conflitos darwinianos e a luta pela sobrevivência de seus genes no plano intelectual, nada muda no princípio. Há e sempre haverá fracos e fortes, altruístas e egoístas, honestos e ladrões.

A distribuição dos homens do futuro deveria corresponder a esta contradição, na qual o terceiro incluído é constituído pela humanidade inteira, sem eliminar as diferenças reais entre os tipos de indivíduos mencionados. Dentro desta visão, é lamentável que uma personalidade tão marcante como Stephen Jay Gould não use linguagem mais apropriada para descrever o que se encontra entre os pares de contrários e fale de *continua* e de matizes (*shadings*).

Se estas hipóteses forem justificadas, a tecnocultura não pode se transformar no ponto principal da mudança. Encontramos aí a mesma distribuição, aliás, que encontramos em toda parte: muitos ignorantes, incompetentes, avarentos, criminosos e poucos virtuosos.

O homem 'mediano' do futuro terá dificuldade para entender e viver de acordo com o princípio do terceiro incluído e o conceito dos níveis de realidade. Sem uma formação adequada, sempre haverá resistência às idéias perturbadoras, que poderiam colocá-lo em uma posição de fraqueza darwiniana.

Vem-nos à lembrança os escritores e os poetas intuitivos que são alguns autores de ficção científica, autores dos mitos de hoje. Eles percebem o futuro em termos do conflito resultante das contradições entre grupos de seres inteligentes, humanos ou não humanos. Em *Star Wars,* do *Empire* de Asimov ao *Dune* de Herbert, assistimos a cenas imaginárias que mostram não somente progressos tecnológicos extraordinários, como também regressões psicológicas igualmente espetaculares! Não é somente no romance de Clarke e no filme *2010* (continuação do filme *2001* mais conhecido) que os conflitos são resolvidos em um nível superior pela intervenção do Monolito (o planeta Júpiter transforma-se em uma estrela; já não existe noite completa sobre a Terra e as luas de Júpiter ficaram habitáveis).

"Descubra-se a si mesmo, seja você mesmo, torne-se você mesmo!"

A busca da própria identidade sempre foi uma atividade legítima do homem, associada, no espírito popular, às experiências difíceis, míticas, às probabilidades de ganho e de perda, à busca espiritual, etc. O grande número de obras literárias, autobiográficas e de ficção são testemunho disso. Os três primeiros romances do jovem autor turco Orhan Pamuk mostram como a busca de si mesmo, complexa e não linear, se desenrola em situações humanas reais e emocionantes. Em seu livro *Livre noir* (Livro Negro, Gallimard, 1996), os personagens são despojados inclusive de seus gestos espontâneos, condicionados pelo cinema e outras mídias.

Ora, existe hoje um número impressionante de estudos sérios sobre a disfunção da sociedade. Mas a exploração da busca da identidade é um ataque particularmente insidioso ao psiquismo. Transformar-se em você mesmo é o tema de um filme recente dos Estados Unidos. Você pode transformar-se em você mesmo comprando este carro, aquela marca de chocolate, aquela viagem programada. É difícil não ver uma intenção insana atrás desta proliferação de exortações. O Zen também é usado nas mensagens publicitárias para idênticos fins comerciais.

Outro fenômeno: as seitas. Um de seus templos encontra-se em uma metrópole americana, bem no meio de um deserto de arranha-céus de verticalidade enganadora e de bairros pobres, os casebres dos operários imigrados. É a única construção horizontal, no coração desta cidade que oferece uma resposta, e quão interesseira, a uma necessidade de espaço sagrado.

Se o risco atual de totalitarismo político tornou-se menos importante, aquele do totalitarismo mental cresceu e é igualmente criminoso. Não podemos esperar que os responsáveis por estes atos parem de fazê-los espontaneamente. A existência de uma mentalidade de 'condicionador' está inscrita na estrutura do universo tanto quanto a toxicidade do plutônio. É altamente improvável que *todos* os fracos da humanidade do futuro escapem deste totalitarismo.

A evolução cultural

A dinâmica da mudança na distribuição dos seres humanos proposta mais acima nas categorias de 1 a 6 poderia ser a seguinte: é provável que cada vez mais o mundo desça na escala do conhecimento, enquanto que somente alguns indivíduos evoluam no sentido contrário. Estas mudanças provavelmente acontecerão independentemente da multiplicação das informações e dos meios de comunicação. A existência das novas redes poderosas não é, em si, suficiente para desembaraçar a civilização de seus aspectos desumanos em um prazo mais ou menos curto, ou seja, melhorar os homens. Esta concepção tecnocultural da evolução esconde uma etapa crucial, a da compreensão das constantes psicológicas do que poderíamos chamar nossos 'irmãos-demônios'. Eis um exemplo: controlar os procedimentos das corporações multinacionais é a solução do momento para diminuir os problemas consecutivos à globalização. Mas poucas pessoas estão prontas para fazer o esforço para considerar a psicologia e a personalidade de um chefe de empresa multinacional, compreender suas pressões e tomar a iniciativa de opor-se a isso.

É preciso insistir sobre a dissimetria, sutil mas fundamental, entre pessoas ou grupos opostos, onde uma pessoa aceita a existência da outra e de seu lugar no interior de um conjunto que as inclui, enquanto que a outra não aceita. Esta recusa tem a mesma estrutura de uma patologia da comunicação, semelhante àquela encontrada na esquizofrenia.

Intervir: onde e como?

Vivemos uma situação kafkaniana. Basarab Nicolescu disse, na verdade, que estamos "em uma prisão onde o único meio de escapar é convencer os guardas, suavemente e com amor, a irem embora". Isto exige uma análise de sua psicologia tão refinada quanto aquela feita pelo sacerdote na parábola de Kafka *Devant la Loi* (Diante da Lei), quando ele explica o comportamento do guarda impedindo a entrada do viajante. Este procedimento *está* a nosso alcance. Devemos entender que "a mentira é um princípio universal" (Kafka).

Os homens de ciência carregam e carregarão uma enorme responsabilidade. A incapacidade dos biólogos de entrar em acordo a respeito da ameaça dos organismos geneticamente modificados gera dúvida e medo entre a população. Um cientista pode honestamente fazer uma análise diferente da de um colega, mas esta constatação coloca ambos na obrigação de comunicar todos os dados ao público. Nós devemos todos encontrar os meios de familiarizar a população com a complexidade, a fim de que ela possa tomar decisões com conhecimento de causa.

Não há outra solução

Se o egocentrismo, o império do absurdo e do contrasenso, para usar as palavras de Adonis, estão tão bem ancorados na estrutura do universo quanto seus contrários, somente uma aceitação total dos dois levaria ao encontro dos meios fecundos de diálogo. A poesia e a arte podem unir apenas os que têm vontade e capacidade para estar juntos. Os meios a utilizar não serão obrigatoriamente os que teríamos preferido. Por exemplo, poderíamos convidar um advogado suspeito para participar de nossas reuniões. Esta iniciativa seria um contra-senso, mas talvez seja nestes termos que o problema deva ser colocado.

A abertura e a mediação: do binário ao ternário*

José Anes

A Lima de Freitas
In memoriam

Lembro-me de uma história que, no começo dos anos setenta, o professor Andrade e Silva contava, em sua primeira aula do ano, aos alunos de mecânica quântica da Faculdade de Ciências de Lisboa e cito-a de cor: "Lord Rutherford, no início do século XX, dizia que o edifício da ciência física positiva era sólido e luminoso como um céu limpo, onde, no horizonte havia apenas duas pequenas nuvens, sem importância: a catástrofe do ultravioleta e a radiação do corpo negro. Sabemos, na verdade, que a primeira 'pequena' nuvem deu lugar à teoria da relatividade de Einstein e que a segunda gerou a teoria dos quanta de Planck..."

Além da falta de *abertura* e de humildade, da rigidez e auto-suficiência características de uma certa ciência positivista (bem ilustrada por esta pequena história), poderíamos dizer, por analogia, que em fins do século XX temos também duas 'pequenas' teorias que são os germes

* N.A. – Este artigo apresenta algumas idéias que foram desenvolvidas em minha tese de doutorado em antropologia do simbólico (FCSH-UNL, Lisboa, 2000).

de uma revolução científica já em andamento e, desta vez igualmente, de uma revolução espiritual importante. Estes dois 'pequenos' obstáculos no edifício da ciência positivista, causal, determinista e linear são, no plano das ciências 'exatas', a teoria físico-matemática do caos e dos fractais (Lorenz, Mandelbrot, etc) e, porque não, a dinâmica e a termodinâmica não-lineares de um Prigogine. No plano das ciências humanas – que não são 'inexatas', ou 'imprecisas', mas 'ciências do impreciso', como sustentava Abraham Moles – a teoria das estruturas antropológicas do imaginário (Gilbert Durand).

Realmente, o caos e a imaginação foram, há muito tempo, os 'mal-educados' de nossa família ocidental: a imaginação era 'a louca da casa' que tínhamos que manter bem trancada no fundo da nossa casa (edifício positivista) para que não fosse vista pelas visitas, como tão bem lembrou Gilbert Durand, e por outro lado, os sistemas caóticos não eram 'dignos' de serem estudados pelas ciências exatas por causa de seus ('maus') comportamentos imprevisíveis. É claro que ainda não tinham sido desenvolvidos instrumentos matemáticos adequados para estudá-los, mas havia principalmente um 'racismo' cultural dominante que privilegiava a ordem, a previsibilidade, etc.

O interessante é que, neste fim de século e começo de um novo, assistimos a recuperação do Caos e do Imaginário, a volta daquelas duas 'velhas senhoras' sempre jovens, tipo Espírito Santo soprando um vento fresco e criativo, sempre e como quisesse. Sua criatividade encontra-se curiosamente no aspecto 'caótico' (onde havia ordem, no entanto) e inesperado que elas oferecem, em suma, em sua *abertura*.

Deixemos de lado o nível das ciências físicas, com sua teoria do caos e o quadro mais geral da teoria dos sistemas dinâmicos – onde poderíamos também refletir sobre a necessidade de abertura para a evolução de um sistema[1] – e vamos nos ater às teorias do imaginário, especialmente (mas não exclusivamente) à de Gilbert Durand.

A teoria do simbólico, em antropologia, foi desenvolvida formalmente por Lévi-Strauss. Lucien Scuba tomou conhecimento recentemente[2] da história e da reflexão em torno da 'fórmula canônica do mito' onde podemos ver claramente que, para Lévi-Strauss, "um mito é um operador lógico para resolver uma contradição" através das *mediações* sucessivas do par contraditório inicial. Portanto, existe a introdução de um ou vários mediadores no seio desta contradição de início:

$$A \rightarrow A' \rightarrow A'' \rightarrow \ldots \rightarrow B'' \rightarrow B' \rightarrow B$$

Mas é também muito interessante seguir Lucien Scuba em sua reflexão sobre o caráter assimétrico da fórmula de Lévi-Strauss: com efeito, a aparente estrutura simétrica 2 x 2 esconde, na verdade, uma estrutura assimétrica 3 x 1. Passamos assim do aspecto binário para o aspecto ternário e sabemos realmente que o ternário em Lévi-Strauss também está presente no famoso 'triângulo culinário', obtido a partir de um duplo aspecto binário.[3] Neste particular, precisamos dizer, como faz E. Leach, que, segundo o estruturalismo, "existem princípios universais subjacentes à estrutura do triângulo culinário".[4]

Devemos destacar esta característica muito importante do ternário – ou, neste caso, do quaternário assimétrico – que reside em sua dimensão dinâmica, evolutiva 'criativa', como dirá J.-J. Wunenburger em seu trabalho *La Raison*

[1] O que tentei fazer, partindo da teoria das 'estruturas dissipativas' de Ilya Prigogine, em seu trabalho *Re-creações Herméticas*, Hugin, Lisboa, 1997, terceira parte, cap. 8, 9 e 10

[2] Lucien Scuba, *Lire Lévi-Strauss*, Odile Jacob, 1998.

[3] Ler a este respeito o pequeno livro de Edmund Leach, *Lévi-Strauss*, Fontana, Londres, 1970; cito a edição brasileira publicada pela Ed. Cultrix, São Paulo, 1997.

[4] E. Leach, *op. cit.*, p. 36.

contradictoire (A Razão Contraditória)[5], capítulo "L'asymétrie créatrice" (A Assimetria Criativa). Seria preciso lembrar a importância do três como fonte de complexidade e de evolução criativa: na teoria do caos, a complexidade do sistema começa no problema físico 'com três corpos' (Henri Poincaré tentou resolver esse problema) e na psicanálise, lembramos que o complexo de Édipo começa com a introdução de um terceiro, o filho, no par formado pelos pais...

Gilbert Durand, apesar de sua posição crítica face ao estruturalismo de Lévi-Strauss, principalmente frente a seu 'agnosticismo', mas também frente aos hermenêuticos que ele qualifica de 'redutores' e que resultam de uma perspectiva limitada de sua lógica binária (da qual vimos que é apenas uma parte ou, até, o ponto de partida de sua teoria), coloca, no entanto, em evidência o aspecto extremamente positivo da posição intelectual de Lévi-Strauss de recuperação da dignidade do pensamento que alguns (Lévi-Bruhl, por exemplo) denominavam 'pré-lógico', 'primitivo': "(...) o famoso livro de Claude Lévi-Strauss em 1962, *La Pensée sauvage* (O Pensamento Selvagem), significa, ao contrário de todo eurocentrismo, que *os homens sempre pensaram tão bem* e que em todo homem subsiste um patrimônio *selvagem* infinitamente respeitável e precioso."[6]

Discípulo de Gaston Bachelard – que nestes estudos sobre o imaginário já adota o aspecto binário dos dois regimes, noturno e diurno – e influenciado pelas idéias de Jung sobre os arquétipos do 'inconsciente coletivo' (mas não seguindo seu aspecto quaternário, que no fundo é apenas um aspecto binário duplo), Gilbert Durand desenvolve, como este último, uma recuperação corajosa de algumas correntes esotéricas (por exemplo a gnose, o hermetismo e a alquimia). Autor de *L'Imagination*

---

[5] Albin Michel, 1989.

[6] Gilbert Durand, *L'Imaginaire*, Hatier, 1994, p. 33.

symbolique (Imaginação Simbólica, 1964) e de *Structures anthropologiques de l'imaginaire* (Estruturas Antropológicas do Imaginário, 1969) e promotor do *novo espírito antropológico* Gilbert Durand "inscreve-se no seio de uma ótica pós-racionalista e neo-espiritualista largamente inspirada pela psicanálise junguiana", como diz Patrick Géay[7], que o leva a admitir, como o psicólogo de Zurique, que o imaginário humano é uma produção humana e não uma *teofania* – como defende Mircea Eliade. Com efeito, como diz Géay, se para Durand – na linha de Bachelard – "o símbolo *nunca é um sinal escolhido arbitrariamente, mas escolhido sempre intrinsecamente motivado,* [ele] vê, contudo, nesse processo, depois de Jung, um esquema organizador e funcional que *padroniza inconscientemente o pensamento.* Esta visão, semelhante à de Bachelard, coloca assim *a imaginação humana* como foco central dos *arquétipos fundamentais* que dinamizam a consciência", representando o arquétipo, dessa forma "a verdadeira matriz das idéias, na qualidade de ligação entre o imaginário e a razão".[8]

Como relata Antoine Faivre, Durand "vai mais longe" que Jung e Bachelard, "colocando o Imaginário – e o Mítico – como elemento primeiro, irredutível, passível de relacionar as diversas formas de atividade de nosso espírito, sendo a racional somente uma dentre outras".[9] Como diz Durand, "o imaginário é que é o primeiro e a racionalidade é apenas uma modalidade dele".[10] Realmente, como Françoise Bonardel coloca em destaque, para o criador da *antropologia do imaginário* – ou *ciência da compreensão dinâmica das estruturas explicativas*[11] – a racionalidade é

---

[7] Patrick Géay, *Hermès trahi*, Dervy, 1996, p. 74.

[8] P. Géay, *op. cit.*, p. 75; os trechos citados de G. Durand são tirados de sua obra *Les Structures anthropologiques de l'imaginaire,* Dunod, 1969, p. 25-27 e p. 62-63 respectivamente.

[9] Antoine Faivre, *L'Ésotérisme,* PUF, 1992, p. 119.

[10] Gilbert Durand, *L'Imagination symbolique,* PUF, 1964, p. 84.

[11] Gilbert Durand, *Figures mythiques et visages de l'oeuvre,* Dunod, 1992, p. 122.

somente "a modalidade *diurna* (...), a que governa o *regime* da antítese e do terceiro excluído", os regimes *noturno sintético* e *noturno místico* "respondendo, por oposição e integração, ao racionalismo diurno, dominando a cultura ocidental dos últimos séculos", mas sendo o *regime noturno sintético* "o mais *hermético*, pois o encontramos trabalhando em todas as formas da *coïncidentia oppositorum*: símbolos, mitos, obras de arte..."[12] e, é claro, do hermetismo e do *hermesismo*, respectivamente formas da tradição esotérica e de sua recriação no mundo atual.

Voltaremos a este *mediador* 'regime noturno sintético', mas por enquanto, chegou a hora de perguntarmos se a diferença essencial entre o estruturalismo de Lévi-Strauss e o de Gilbert Durand – *figurativo*, segundo a denominação de seu discípulo, o sociólogo Patrick Tacussel – não reside no fato de, para o autor de *L'Imagination symbolique*, a lógica do pensamento mítico ser uma lógica do terceiro incluído, uma lógica ternária, uma lógica mediadora que liga a luz e a sombra, a racionalidade e a irracionalidade, o consciente e o inconsciente, ao contrário da racionalidade separadora e exclusiva dominante no estruturalismo de Lévi-Strauss (que, apesar disso iniciou a recuperação do *pensamento selvagem*). Para esta doutrina, o pensamento mítico tem uma lógica 'racional' interna – ainda que não tenha um fundamento empírico.[13]

Seria por acaso que a 'lógica da contradição' defendida na obra de Stéphane Lupasco tenha sido recuperada pela *antropologia do imaginário*? Realmente, para certos níveis de realidade[14], parece ser preciso aplicar outras lógicas, polivalentes, no mínimo ternárias, sem que seja preci-

[15] *Op. cit.*, p. 154.
[12] Françoise Bonardel, *L'Hermétisme*, PUF, 1985, p. 119.
[13] Ver, por exemplo, Richard Pottier, *L'Anthropologie du mythe*, Kimé, 1994, prefácio.
[14] Para os níveis de realidade ver Basarab Nicolescu, *Nous, la particule et le monde*, Le Mail, 1985, e também, sob sua direção, 'Niveaux de Réalité (I)', *Rencontres transdisciplinaires*, nº 15, CIRET, maio de 2000.

so "anular os princípios clássicos" como relata J.-J. Wunenburger.[15] O que é importante, segundo Patrick Géay, é "coordenar as lógicas, contanto que estas sejam verídicas, sem excluir nem uma nem outra".[16]

Este *novo espírito antropológico*, esta *hermenêutica instaurativa* de Gilbert Durand e de sua escola, tem uma tipologia baseada na *classificação isotópica das imagens*: três estruturas, uma *heróica*, associada ao regime *diurno* e as duas outras associadas ao regime *noturno*, a estrutura *sintética*, intermediária, *mediadora*, fazendo a ponte entre a primeira (heróica) e a seguinte, a estrutura *mística*.

Como já vimos, esta classificação – ternária, mas que parte de um aspecto binário – dá plenos direitos às formas de pensamento imaginante que se localizam do outro lado do pensamento 'lógico'. Vimos também que Lévi-Strauss descobriu as 'lógicas' dos mitos, mas estas 'lógicas' eram binárias. Ora, nesta classificação – que é assimétrica, pois tem duas estruturas no regime noturno e apenas uma no diurno – poderíamos realmente associar a lógica binária clássica à estrutura heróica, a lógica ternária (por exemplo a de Lupasco) à sintética – onde impera a *hermetia ratio* – e as lógicas poli- ou multi-valentes à estrutura mística – 'a-lógica' ou 'ilógica', diante da lógica aristotélica. Ou então, poderíamos colocar em correspondência estas três estruturas e estes três tipos de 'lógica' com as 'esferas' de Edgar Morin: a da racionalidade lógica e a dos fantasmas, ligadas ou *mediadas* pela imaginação.[17]

Um discípulo de Gilbert Durand, Joël Thomas, propôs recentemente um esquema sistêmico da *estrutura do imaginário humano*. Trata-se de um sistema no qual "cada instância é duplamente polarizada 'positivamente' e 'nega-

---

[15] *Op. cit.*, p. 154.

[16] P. Géay, *op. cit.*, p. 79.

[17] Edgar Morin, *O Método III – o conhecimento do conhecimento* (trad. de *La Méthode III*, Le Seuil, 1986), Europa-América, Lisboa, 1987, p. 186.

tivamente', dentro de uma ambivalência que a faz tender para sua regeneração ou para sua morte; como as duas instâncias são, elas mesmas, colocadas sob 'tensão' organizadora através de um *nexus* relacional (a terceira instância)", desembocando para "*uma estrutura dinâmica com cinco termos, composta de quatro pólos (a estrutura quadripolar importante para Jung) e de um nexo relacional servindo de interface*[18]" (ver quadro A). Esta estrutura 'de cinco termos' vem a ser simplesmente um binário tornado duplo em quaternário, através de uma polarização, não sendo o 'quinto termo' um outro 'termo', mas a 'interface' entre o binário polarizado; veremos mais adiante que este '*nexus* relacional' tem dupla natureza.

Podemos fazer a correspondência desta estrutura de Thomas com o quadro classificativo de Durand, substituindo A e B, respectivamente, pelos regimes noturno e diurno e considerando que a 'vida' e a 'morte' são homólogas da luz e das trevas, da claridade e da sombra, respectivamente. Nestas condições, teremos D+ = estrutura heróica, N+ = estrutura sintética e N- = estrutura mística (ver quadro B).

Paralelamente, se fizermos a correspondência do esquema de Thomas com o quaternário taoísta, constituído pelos diagramas chineses[19] yin-yin (velho *yin*, inverno), yin-yang (jovem *yin*, outono), yang-yin (jovem *yang*, primavera), yang-yang (velho *yang*, verão) constatamos (ver o quadro C) que a 'tensão' entre as duas instâncias A e B pode assumir dois aspectos:

– de *oposição contraditória* ('estéril'), quando os pares horizontais são exclusivos, 'puros' – o que tem a ver com uma lógica 'diurna' da não-contradição;

---

[18] Joël Thomas, "L'imaginaire et les autres concepts exploratoires (systémique, complexité)" em Joël Thomas, dir., *Introduction aux méthodologies de l'imaginaire*, Ellipses, 1998, p. 161.
[19] Pierre Riffard, *Ésotérismes d'ailleurs*, Robert Laffont, 1997, p. 764.

QUADRO A

"Estrutura do Imaginário Humano"

(Joel Thomas in introduction aux méthodologies de l'imaginaire)

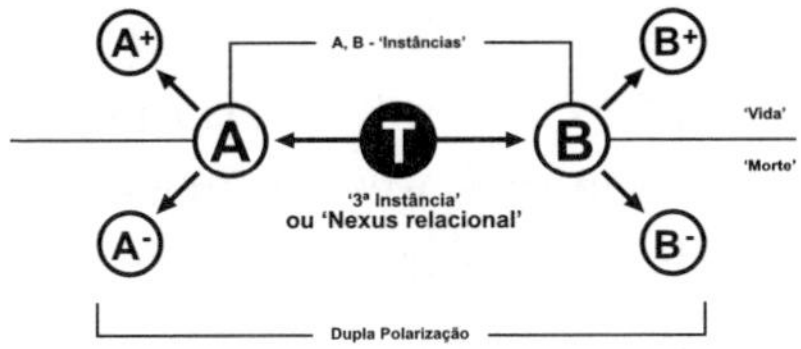

QUADRO B

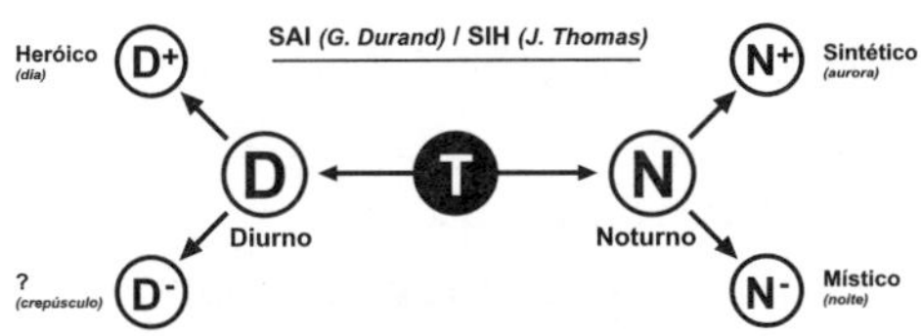

	DIURNO Ⓓ	NOTURNO Ⓝ
Vida (+)	Heróico (D+) (dia) OR	OB Sintético (N+) (aurora)
Morte (-)	? (D-) (crepúsculo)	ON Místico (N-) (noite)

QUADRO C

SIH *(J. Thomas)*

LÓGICA DA NÃO-CONTRAÇÃO

Tensão entre um par inicial 'puro'e exclusivo ('estéril')

LÓGICA DA CONTRAÇÃO

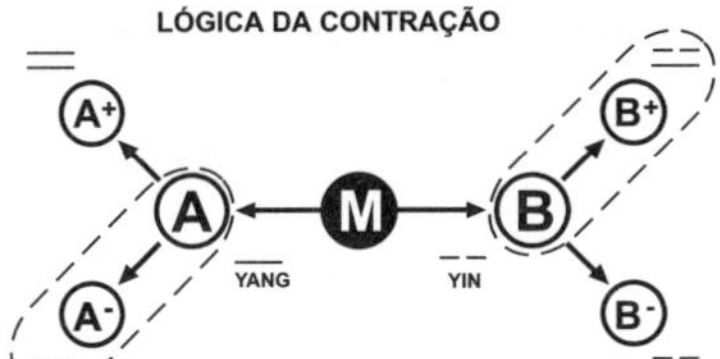

Mediação por um par 'impuro' e inclusivo ('criativo')

– de *mediação* ('criativa'), quando os pares diagonais são inclusivos, 'impuros' – o que tem a ver com uma lógica 'noturna', 'sintética', da contradição.

As denominações 'estéril' e 'criativa' são extraídas do livro de Isabelle Robinet sobre o taoísmo alquímico: "(...) este Dois não pode subsistir, pois nem o Yin nem o Yang podem permanecer isolados e puros, não param de falar os alquimistas, com o risco de ficarem estéreis. Eles se cruzam, portanto, e se unem para dar origem a compostos (...), cada um contendo (...) a marca significativa do outro".[20]

Destes dois quadros (B e C) podemos tirar conclusões importantes para nosso propósito, que são: 1) os pares 'impuros' são aqueles que permitem a mediação e 2) a mediação é fonte de criatividade, pois, ao contrário, os pares 'puros' são 'estéreis'.

Como podemos ver claramente, não encontramos no quadro classificativo de Durand o pólo D (o 'dia escuro'), o que confirma o caráter nitidamente assimétrico da teoria de Durand, para quem a única polarização é a da noite ('noite clara' e 'noite escura'), sendo o dia incapaz desta plasticidade: não existe 'crepúsculo' dentro desta concepção do imaginário. Em termos dinâmicos poderemos encontrar em Gilbert Durand esta sequência:

Noite (s. místico) ➡ Aurora (s. sintético) ➡ Dia (s. heróico)

Ora, esta progressão corresponde ao desenvolvimento da Grande Obra alquímica em três fases:

[20] Isabelle Robinet, *Introduction à l'alchimie intérieure taoïste*, Le Cerf, 1995, p. XX.

Obra em negro (*nigredo*) ➡ Obra em branco (*albedo*) ➡ Obra em vermelho (*rubedo*).

Se pudermos admitir um arquétipo da alquimia, será o da criação, do (re)nascimento da vida – um dos mais importantes tratados da alquimia ocidental tem como título significativo *La lumière sortant par soi-même des ténèbres* (A Luz Saindo por Si Mesma das Trevas). Assim, não há espaço, no otimismo de Durand, para a morte, para o 'crepúsculo' – ele que, como membro da Resistência, lutou contra o crepúsculo da humanidade... e, como cientista, contra o crepúsculo dos deuses. No fundo, ainda que dando lugar à dimensão noturna do espírito humano e seu caráter contraditório, Durand afirma o triunfo da luz sobre as trevas, da razão sobre a irracionalidade. Mas isso dentro de uma perspectiva contrária ao maniqueísmo, dentro de um universo onde o racismo cultural está ausente e onde a luz vive junto às trevas, a lógica binária com outras lógicas (a ternária especialmente) e a razão com aquela antiga 'louca da casa', o imaginário.

No panorama desta reflexão transdisciplinar sobre o Homem do século XXI, temos portanto muitas esperanças – no plano das ciências humanas – na teoria do imaginário de Durand e de seus discípulos. Esta teoria mostra, com efeito, uma compreensão mais ampla do Homem, capaz de incluir também sua dimensão espiritual. Para Durand, como para Jung (e também para Lévi-Strauss), o imaginário, seus símbolos e seus mitos são, na verdade, uma produção humana. Mas, estas mediações e as sínteses horizontais ('humanas') não criam – se a teoria do imaginário for suficientemente integradora das diversas dimensões do Homem – as condições para as mediações verticais – estas sim realmente 'hermesianas', pois Hermes é o mensageiro dos Deuses – que possam unir Terra e Céu, o Homem a seu Deus (ou a seus deuses)?

Profissão: Pôncio Pilatos

Manuel Rainoird

Sou eu o guardião de meu irmão?
(...) a voz do sangue de teu irmão
grita da terra até mim"
Gênese 4, 9-10.

Em um belo fim de tarde ensolarado, descendo de carro a avenida dos *Champs-Élysées* depois da praça da *Étoile*, você tem à sua frente a *Grande Roue* (Roda Gigante), cujos quarenta e dois raios brilham no ouro do céu, e depois, bem no alinhamento de seu eixo, a pesada e imponente coluna do *Obelisque*. Futuro e passado em uma única visão!

Será por acaso – ou pela maliciosa combinação do próprio tempo – que o 'Meccano'* de alta tecnologia, impermeável às tempestades, mensageiro de todos os horizontes, nascido do imaginário do gentil e saudoso Mourousi, foi beneficiado por um terreno concedido precisamente aqui, neste perímetro da emoção humana? Pois, segundo Georges Bataille: "Uma perspectiva emocionante representada pelas trevas e pelos vestígios dos mortos sem conta que se sucederam, estende-se das margens do Nilo às do

* N.T. – brinquedo de montar que permite criar peças mecânicas bastante elaboradas.

Sena, das arestas das pirâmides às do monolito erguido diante do palácio Gabriel. O homem precisou do longo período que vai do Antigo Império Egípcio à monarquia burguesa de Orleans (...), para acabar de fixar limites mais estáveis para os movimentos deletérios do tempo."

Talvez tenhamos nos precipitado quando julgamos ultrapassada toda a contribuição teórica de Georges Bataille. Sua *Part maudite* (Parte Amaldiçoada) conserva no ano 2000 estranhas ressonâncias. E, muitas vezes, sua animosidade neurótica, suas demonstrações trapaceadas, criam um campo de fulgurâncias inaudíveis. Citemo-lo um pouco mais adiante: "(...) com o tempo, a interminável obstinação dos homens conseguiu afastar da existência comum a 'sensação de tempo' e a vergonhosa doença que ela introduz (...) A terra foi tão perfeitamente esvaziada do que deixava a noite trêmula, que as piores desventuras e a própria guerra já não podem alterar sua representação confortável (...) A avidez humana já não se dirige, como antes, para limites poderosos e majestosos (...) Tudo acontece como se fosse impossível ao homem viver sem a 'sensação de tempo', que lhe abre o mundo como um movimento de uma velocidade irrespirável (...) A própria pedra (...) não é mais que o marco indicando a imensidão de uma catástrofe (...) Um sentimento de explosão, uma leveza vertiginosa crescem diante de um obelisco imperioso e maciço."

Realmente bela ilustração *in vivo* das linhas acima – sessenta anos mais tarde – tanta algazarra orquestrada quando soou a badalada do novo milênio. Como deputados e comerciantes cozinharam a coisa em fogo brando! Este desprezível tempo que escoa, poderemos tocá-lo de passagem, prometo! Belo pássaro *sacer*, os fachos de nossos potentes projetores lhe servirão de gaiola.

Finalmente a explosão, a alegria, a tontura da primeira bebedeira! Na televisão das grandes cidades, aparecem foliões e foliãs dando à luz o 'dois' seguido dos três 'zeros', que anteriormente tinham sido habilmente aumentados. Apagado o registro dos erros e dos crimes; esquecidos arrependimentos e origens. Partimos do zero. Sim. "Vamos nos abraçar, Folville" (alusão à peça teatral Folville, de Georges Courteline). Benvindos os eufóricos distraídos e fora os rabujentos! "Todos se dão importância, como aquela codorna orgulhosa de si mesma" observava o grande Tchouang-tseu, bem antes de nossa época. Mas aqui é pior! É como se vivêssemos uma Super Copa do Mundo da qual cada um seria o vencedor.

Ora, a despeito de tantos esforços, cada um sabe muito bem – ou não quer saber, mesmo sabendo pouco ou muito – que a festa é uma cortina de fumaça. As orgias orçamentárias, o bufão, o futebol e os petardos não têm a missão de esconder "o insuportável vazio que o tempo cava sob os pés" e o medo? Mas este medo já não é, como em Bataille, o de uma queda no nada metafísico, é o medo de que o escondido há muito comprimido possa explodir à luz do dia, é a premonição da presença de uma catástrofe em estado potencial.

Ontem o futuro, depois – e apesar de – as duas catástrofes maiores do século precedente, o futuro que tínhamos ia ainda até os horizontes dos tempos que viriam. Aqui e agora, o futuro, oh surpresa, parece situar-se no contorno de tempos que já chegaram. Manifestos, eles se cumprirão no espaço de algumas décadas. Em outras palavras, os jogos estão sendo feitos. A escalada dos conhecimentos e suas aplicações práticas modificam abertamente ou dissimuladamente nossa relação com a vida. Mas temos também que experimentar seu famoso coquetel composto de esperança e de terror.

A tecnologia vai engolir o homem

Esta manchete chamativa, que a imprensa oferece a seus leitores há alguns anos, adquiriu ultimamente uma grande densidade. É que chegamos ao extremo do fim, com seus atalhos para o infinitamente sutil no interior da matéria, aquelas nanotécnicas que transferem todos os problemas para a escala do milionésimo de milímetro: teremos tudo, computadores e medicamentos e isto não custará nada ou quase nada. Única sombra no horizonte, malfeitores encontrariam nisso a forma de contaminar populações inteiras, bem mais dissimuladamente do que hoje acontece em escala pequena, acidentalmente.

Por isso um Bill Joy, artesão nestes assuntos, mundialmente conhecido, inventor, entre outras coisas, da linguagem informática Java e que não esquece que as sociedades são mortais, exige uma pausa para reflexão. Reação mitigada por seus pares... E o homem em tudo isso? – o vulgar, o popular, miserável ou rico, jovem ou velho, o bem nascido ou o rico de origem nebulosa, branco, negro, amarelo ou verde? É preciso que ele tenha cuidado, que se resguarde, invente, encontre também algo oriundo de sua essência.

Vamos arriscar algumas circunvoluções.

O homem do futuro dorme dentro de nós desde Adão? A 'descendência inumerável' vem de trás para um paraíso do futuro ou descende, na sequência adâmica, para um paraíso anterior? "Se apenas eles soubessem!" disse o Profeta. Infiéis ou fiéis, nós não sabemos, pois o destino em sua grande sabedoria... E se, todos juntos, tentássemos fazer um homem?

Homem do futuro, homem novo: haveria recuperação? Poderíamos ser ao mesmo tempo um e outro? Ou um sem o outro? Quem tem os pés no chão muda bruscamente de direção com o fim das coisas. Sentimos contudo que alguns vocábulos – próximo, perto, longínquo, sinais – teriam seu passaporte para o 'futuro' muitas vezes com roupagens diferentes.

Como o homem novo demora para aparecer! Dois mil

anos de demora. E isso apesar dos grandes modelos: os sábios, os santos das épocas passadas. Quantos são aqueles cujos cadáveres fecundaram a terra? De suas sepulturas sobem bem alto colunas de paz e ao coração do passante introspectivo vem a compreensão das palavras do Tao: "Todos os seres e eu somos apenas um." Mas o homem novo é suficientemente numeroso para influenciar, mostrar um caminho diferente, aqui onde reina a violência? Não vemos, no submundo do mundo policiado, populações miseráveis e rivais se enfrentarem, cada uma confiante em seu direito, em nome de um deus único?

O homem do futuro (com a mulher talvez, finalmente, como elite), destinado a viver mais que o homem do passado, terá – é paradoxal – menos eternidade diante de si. Avós, um casal de pais, por sua vez filhos que crescem e, então, estamos em 2100! Grande risco...

O homem do futuro, no ponto em que estamos na escala global, tem pressa. É agora ou nunca. Caso contrário, lágrimas e ranger de dentes. O homem do futuro que não vier serrará o galho que o sustenta.

O homem do futuro, não vamos fechá-lo demais dentro de uma definição, nem muito menos deixá-lo correr com rédeas soltas. Evocação, invocação do sujeito, segundo esclarecimentos vários.

O homem novo esconde-se, talvez, lá onde não achávamos que estivesse. Eu mesmo o encontro com frequência no metrô, passando entre os olhares cruzados de tantos seres reunidos ao acaso, com seu cansaço, com seu orgulho, com seu anonimato. Ele dá valor aos representantes e às representantes de todas as raças e a seus sangues misturados. Uma menina da Jamaica, nascida não faz muito tempo, estende para um desconhecido dois bracinhos inocentes carregados de alegria, de amor; um velho caído em seu canto, o pouco que levanta a cabeça, olha através de você com um olhar negro e profundo.

... E eu o vi e li com transparência nos olhos e em todo o rosto de Nelson Mandela abertos para a objetiva de Depardon: plano imobilizado em dois minutos de silêncio e foi uma felicidade pura.

... E saúdo também como homem do futuro a jovem fotógrafa japonesa Yoshiko Murakami: trabalhando com cegos, ela explorou seu mundo sensorial; ela os mostra descobrindo a floresta e as legendas de suas fotos são seus comentários escritos em braile.

O que pensar, agora, da eclosão do homem do futuro? Virá ela de toda a humanidade, de todos os países misturados?

No último G7*, o chefe do Tesouro americano revelou que uma pequena congolesa tinha mais possibilidades de morrer aos seis anos do que de ser alfabetizada. A angústia de "seres humanos da mesma espécie que nós" (Samuel Beckett, *Esperando Godot)* não é inutilmente percebida nos países ricos. Miséria, fome, opressão, aids – a despeito dos Kouchner e das Madres Teresas – formam uma guirlanda de opróbrio no gargalo das instâncias supremas. Justiça e caridade, tetas ressecadas.

Dito isto, o homem do futuro terá saído recentemente da grande escola da vida: em Rotterdam, em Londres ou em Pequim; estabelecido, herdeiro de uma linhagem ou filho de ninguém; talvez morador do Tibete, liberto de uma prisão ou ex-menino de rua em Manila. Mistério dos destinos, germinação secreta.

O homem do futuro não é o Pequeno Príncipe. Não vem de um outro planeta, quando muito do espaço cibernético... Não pede: "Desenha-me um portal", ele mesmo o desenha.

O homem do futuro, ei-lo, assim, disponível em kit com patins, telefone celular, fones de ouvido e chicletes. No seu

* N.T.: G7 é o grupo dos 7 países mais ricos e poderosos do mundo que se reúnem periódicamente para discutir problemas comuns e decidir o destino do resto do mundo.

escudo, aparece também um CD-Rom da economia planetária com as regras do jogo. Primeiras páginas: os Estados Unidos da América, única superpotência mundial. Superarmados, pacíficos, prontos para intervir aqui ou lá quando preciso, a Europa invejando-os. E riquezas que nunca acabam, do milho ao Viagra, sem esquecer suas toneladas de garantias. Ao mesmo tempo opressores e motores. Nada pode ser escondido deles. Eles têm miríades de pequenas orelhas espreitando a ocasião para agir sobre o globo; o menor suspiro exalado em Bagdá ou em Aubrac e o Pentágono sai correndo.

Páginas imitando o CD-Rom, é a exposição do livre comércio e do capitalismo fulgurante ligado às novas tecnologias. Chegamos a um panorama cuidado do mundo moderno da globalização – globalização que seria melhor, para sermos claros, chamar de 'mercantilismo oligárquico'. A força da profecia neoliberal se manteria na onda de suas promessas? Sua mensagem aos excluídos do sistema: esperem e logo serão servidos.

Ora, enquanto espera, se você olhar o estado do mundo, querido homem do futuro, não encontrará motivo para gritar de alegria. Há tantos problemas em toda parte! Em matéria de globalização, você enxerga grandes fatias da humanidade deixadas ao abandono. Vírus fazendo nelas um trabalho de despovoamento, catastrófico até o fim, ao mesmo tempo que os ecossistemas sofrem as devastações de uma exploração cega.

O que tudo isto quer dizer, este acúmulo extravagante de riquezas? "A esfera financeira, diz René Passet em *Mémoires du XXI siècle, cahier nº 1* (Memórias do século XXI, caderno n° 1), continua aprisionada em sua própria lógica." Trabalha-se dentro da "perspectiva do maior ganho possível para um pequeno número, em detrimento de todos os outros".

Eis uma ilustração ligeiramente extrapolada mas expressiva: russos abarrotados de lucros indevidamente adquiridos fazem festas nos palácios da Costa; em Paris,

Malienses varrem, dignamente, a sarjeta em frente das prefeituras suspeitas.

Vamos ver um pouco como o homem do futuro vive sua metamorfose!

O conselho de pai para filho perde pouco a pouco sua pertinência? Ou o sentido, os afetos, emigram para outras palavras? Interesses diferentes tomam corpo. O que é novo atrai: para novas técnicas, nova linguagem.

Seria como entre os lobos. Os indivíduos mais jovens estão sujeitos à lei dos mais velhos, que são mais fortes. Depois a roda gira, os mais jovens, os mais aguerridos destronam o velho chefe do bando.

Como o homem do futuro percebe a discussão política? Ele percebe que as verdadeiras decisões vêm de fora. E bem cedo sabe decodificar a mensagem dos dirigentes grandes e pequenos: "Faça o que eu digo, mas não o que faço; ou, então, faça-o, mas discretamente".

Nestes anos que virão, dos quais pode surgir o melhor ou o pior, o homem do futuro, simples Pequeno Polegar com aparência renovada para o novo século, não terá somente que escolher entre riqueza-saber e exclusão-ignorância. Pobre ou rico, ele terá que enfrentar os malefícios do bicho-papão.

Mas o bicho-papão não é uma figura alegórica.

Ele vive entre nós. Ele se disfarça de cartão de crédito, de telefone celular, de video-game. E cantarola entre seus bigodes: "É novo, acaba de sair, tudo o que é novo é bem melhor". Oba, bravo!

Em minha história, o bicho-papão se alimenta de contas de banco, de caça-níqueis. E o Pequeno Polegar esquece seus irmãos...

Nosso homem, "o homem carregado de esperança, exilado, o homem com a luminosidade das estufas" (Paul Eluard), terá momentos difíceis nos anos que virão.

É certo que, com a explosão dos saberes e das transformações que provocarão no plano prático da vida de todos os dias, a tendência de *seguir-o-movimento-se-não-quiser-correr-o-risco-de-ficar-para-trás* somente crescerá e ficará mais bonita. Ao lado dos picos de poluição, outros picos são previsíveis: picos de furor mimético segundo René Girard, de cobiça humana segundo Georges Bataille. Dentro de semelhante clima de loucura ambiental, como não se deixar envolver?

Apelemos para a poesia para responder: "A resistência se organiza sobre todas as frontes puras".

Sem pretender fazer parte de uma elite ou fingir ser retrógrado, pode-se usar de astúcia com a tentação de seguir o rebanho. Há também um questionamento secreto do coração, com perguntas do tipo: Para que sirvo? Quem me engole? Quem engole meu tempo, meu corpo, meu espírito, minha vida?

Há também a grande natureza em nós, com seus torpores e suas possibilidades de despertar e talvez seja na hora em que nos sentimos mais perdidos que aconteça uma graça. O homem do futuro é por definição um homem "que procura escutar melhor o mundo", retomando a bela formulação de Philippe Quéau.

O homem do futuro seria ainda, segundo Gurdjieff, em seu livro *Les Récits de Belzébuth* (Relatos de Belzebu), "aquele que alimenta a louca ambição de saltar mais alto que os joelhos". Existem estranhas semelhanças entre este audacioso, picado pela atenta ironia de Belzebu e aquele cujos contornos procuramos traçar.

Horror da situação... Nosso homem, carregado como um peixe pela correnteza das vaidades, conseguirá voltar? Sim, em alguns casos, é possível. O salmão realmente sobe as correntezas para encontrar a água das fontes mais acima. A única força de retorno que existe é a interna.

Homem do futuro, você está pronto? Eu espero que sim, pois, do contrário sei o que virá, o que é isto.

Isto acontece mais ou menos como a cerimônia do Oscar... "Eu chamo o Céu"... "Eu chamo a Terra"... "E agora, eu chamo o homem..." (o anjo Gabriel encarregado dos recursos humanos está em apuros).

– Homem do futuro, o que você fez pela Terra, o que você fez por seu irmão?

– Eu, não vi nada, não fiz nada. Brincava... Sou então o guardião de meu irmão?...

Volta ao ponto de partida, volta à Gênese.

Nesta situação não se trata de adotar o comportamento de Pôncio Pilatos: vão, vão, meus amiguinhos, para o sempre mais e melhor. Quanto a mim, vocês não me terão!

É preciso navegar para outros interesses, instaurar, praticar novos circuitos de trocas.

Diante de alguns mastodontes apoiados sobre partes de mercados que saltam por cima dos continentes, pensa-se que a rede do espaço cibernético seja bastante importante para estabelecer, amplificar a influência de iniciativas locais. Isso já existe.

Vamos citar como exemplo o movimento Falugong, aberto a todos. É uma prática ancestral, conhecida por preservar a saúde do corpo e do espírito: cem milhões de adeptos na China e fora dela e tudo isso apesar dos esforços de Pequim, que não vê com bom olhos quem se afasta de sua norma, mesmo com pretexto cultural! Penso ver nisto um sinal de que, mesmo em um clima de opressão, é possível haver uma comunicação que se estenda além de todas as fronteiras. Como por acaso, a relação existe graças ao telefone e à Internet (*http//falundafa.org/*).

Imaginamos sites levando em consideração os dados verdadeiros do ser vivo. O homem do futuro, como um sábio Ulisses, cópia da direção Distração. Depois de tantos jogos, jogos e jogos para rir, este poderia ser o Grande Jogo, o único, aquele do mistério do homem e de sua presença no mundo... Poderia ser uma resposta à imensa necessidade latente de inteligência.

O Pequeno Príncipe incorrigível: "Por favor, Senhor, desenhe uma maçã..." Pomo de ciência ou pomo de concórdia? Vai se saber...

Leituras

Um livro luminoso*

Adonis

Coloco uma rosa à minha direita e um computador à minha esquerda;
Coloco entre os dois uma mala quase cheia de objetos queridos;
E, confiando nas promessas das ciências do espaço, eu me imagino fazendo a ascensão
Para um planeta distante,
Depois me pergunto: "Que livro será seu companheiro de caminhada nesta viagem?"
E minha resposta vem sem hesitação: "O livro que está aí".

Ah sim, aquele livro-manifesto de Basarab Nicolescu;
Não porque ele seja o mais notável dos livros,
Nem porque ele aponte para o único caminho do conhecimento,
Nem porque ele ofereça respostas às minhas interrogações e meus problemas –
(Pois não se trata de uma nova tábua dos mandamentos,
Muito menos de uma panacéia universal.)

Faço deste livro meu companheiro de viagem por uma

* Tradução francesa do prefácio de Adonis para o livro *La Transdisciplinarité, manifeste,* de Basarab Nicolescu, traduzido do árabe e publicado por Dimitri Avgherinos em Damasco (*O Manifesto da Transdisciplinaridade,* Editora Triom, 1999, São Paulo).

razão completamente diferente;
É que ele estará, durante e depois da viagem,
Entre os primeiros livros que obcecarão minha consciência com a urgência
De conseguir um conhecimento do Homem e do Ser mais profundo e mais íntegro,
De colocar novas questões cognitivas
E a fim de ser iniciado neste novo conhecimento, de exercer uma nova visão
Do mundo e de seus fenômenos, do homem e de seus problemas.
Este livro estará, assim, entre os primeiros livros que iluminarão o longo caminho,
Marcado pela evolução humana,
Que nos leva a inúmeros desconhecidos neste Universo infinito.
Assim, ele me permitirá uma melhor leitura de nosso Planeta
Que transcenderá, avaliando-as e assimilando-as, todas as leituras precedentes
E permitirá que esta leitura seja tanto horizontal como vertical já que é
Escrita do ponto de vista de um cientista, que tem também a intuição de um poeta. Dir-se-ia um rio
Cuja superfície é a ciência e o fundo a poesia; ou mais precisamente: um rio cujo leito
Seria a poesia e as ondas a ciência.

A ciência – pois em sua visão do Homem, do mundo e das coisas,
Este livro está baseado sobre o conhecimento científico de ponta;
E a poesia – pois sua objetividade científica deixa a porta
Grande aberta ao Sujeito e à subjetividade, não como renovação,

Mas como renascimento; ainda que o homem em questão não se renove, mas renasça.
Esta síntese da ciência e da poesia se faz graças a uma visão baseada essencialmente
Sobre uma transgressão total das fronteiras de todos os tipos;
Entre nacionalismos, culturas, religiões, histórias e políticas.

À luz deste livro,
Surgirá de maneira notável
Como o homem, sob um ou outro pretexto, semeou o terror no
Coração deste belo e pacífico Planeta, até quase sufocá-lo,
Ora em nome de um conhecimento negando o que não se identifica com ele, excluindo os que não o fazem seu;
Ora em nome de uma 'maneira' que não vive senão devorando sem parar tudo o que ela chama de 'espírito', ou em nome de um 'espírito' que esgote sua consistência nos dejetos da matéria;
E ora em nome de um poder, de um arsenal ou de um mercado –
A tal ponto que os homens aparecem, no espelho da consciência purificada
E dilatada, como se tivessem vivido, e vivessem ainda,
Apesar de todo o progresso que conseguiram, semelhantes a ferozes facções,
Querendo, cada um, de uma forma ou de outra, dominar
O Planeta, possuí-lo – enfiando-o no buraco da agulha
De seu dogma, sua disciplina ou sua autoridade.

Este livro, então, clareia o caminho da libertação do homem de tudo o que o entrava –
Na Liberdade, na Consciência e na Humanidade -;
Do saber-possessividade,
Da adesão-dogmatismo,

Da limitação-fragmentação
E do homem-relógio.

E, partindo, ilumina
As trilhas da busca de um conhecimento inseparável do Amor e da partilha,
De uma ciência que não exclui a poesia,
E as trilhas da convergência para o desvelamento do Universo e de seus mistérios,
Com a ajuda de todas as disciplinas, de todos os saberes, e além,
Em uma abertura completa,
Na qual afirma-se a certeza do Sujeito
Que não pode se completar sem o Outro,
E na qual ele ondularia, como um impulso criador e único,
Na massa humana, una e plural,
E neste oceano-tudo
Que chamamos Universo.

Resenhas do ano 2000

Basarab Nicolescu

Laurent Nottale, *La Relativité dans tous ses états*
Hachette, col. 'Sciences', Paris, 1998, 320 p.

A relação entre a teoria da relatividade e a mecânica quântica é tão obscura quanto a relação entre o espírito e a matéria. É a um problema com esta envergadura, central na física há um século, que se dirigem os trabalhos de Laurent Nottale.

Com vigor, Nottale demonstra que não existe absolutamente nenhuma relação entre relatividade e relativismo. Ao contrário, o princípio de relatividade, cuja origem Nottale faz voltar à noite dos tempos, é um princípio de unidade do mundo. Com a audácia filosófica que somente os não-filósofos podem ter, Nottale percebe que a essência do princípio de relatividade é, de fato, a afirmação da existência das leis do universo que passam por todas as escalas. Há nisto uma grande lição que deve ser meditada por todo homem honesto interessado em compreender sua época, dividida (principalmente depois do 'caso Sokal') entre os dois extremismos: de um lado, o relativismo radical afirmando que 'vale tudo' e de outro lado, a prega friorenta dos físicos teóricos que se vêm como os únicos detentores de uma verdade digna deste nome. O que salva o mundo de uma esquizofrenia generalizada ou de uma dobra em uma verdade única é exatamente o princípio de relatividade, na fronteira entre metafísica e física e que se confirma com uma particular fecundidade tanto em física como em metafísica. Com sutileza, Nottale mostra que a afirmação das leis de unidade do mundo significa antes um projeto assintótico que nunca será completamente atingido. Tudo que podemos fazer é ampliar sem cessar o domínio da verdade, através de teorias cada vez mais unificadas. É à tal ampliação que se dedica a nova teoria, tão original, de Nottale.

A tarefa de Nottale é gigantesca. De um lado, ele se propõe a conciliar a teoria da relatividade e a mecânica quântica, com suas características rompendo radicalmente umas com as outras. Por outro lado, ele precisa encontrar em sua teoria todos os inúmeros prognósticos experimentais, já verificados, destas duas teorias e fazer com eles novos prognósticos.

Lúcido, Nottale não se propõe nem o estabelecimento de passarelas entre as duas teorias concorrentes, nem obter a física clássica a partir da física quântica. O que ele pretende é formular uma teoria que não seja nem a física clássica, nem a física quântica, mas uma terceira teoria (no sentido do terceiro incluído de Lupasco) da qual, em algumas escalas, estas duas teorias são casos particulares. Esta inovação metodológica de Nottale é verdadeiramente revolucionária. A manobra técnica para realizá-la é o feliz casamento entre a matemática dos fractais e o princípio de relatividade.

Nottale começa sua construção com um magistral diagnóstico de falta: o conceito trôpego do espaço-tempo na teoria quântica. Por que manter artificialmente o espaço-tempo clássico na teoria quântica? O autor é assim levado a introduzir um espaço-tempo fractal. Ele abandona o dogma sacrossanto da diferenciabilidade, mas sua relatividade de escala vence a quebra de braço dialética de tratar a não-diferenciabilidade com a ajuda de equações diferenciais. No plano técnico, uma das inovações mais importantes da teoria de Nottale é incluir as resoluções espaço-temporais nas diferentes escalas na própria definição dos sistemas de coordenadas. É prematuro afirmar que esta teoria consiga chegar ao fim. O acordo intersubjetivo da comunidade científica passa pelo silêncio dos laboratórios e sabemos que os físicos são, por definição, conservadores: jamais eles abandonam uma boa teoria antes que isto seja estritamente necessário. Além disso, devemos esperar o veredicto de nosso juiz supremo: a experiência científica. Com muita modéstia, o próprio Nottale reconhece que talvez sejam necessários muitos séculos para a conclusão de sua teoria.

Mas, mais que uma teoria, a visão de Nottale é um verdadeiro programa. Com a descoberta das estruturas múltiplas nas diferentes escalas do universo reunidas pelo princípio de relatividade, o programa de Nottale poderia potencialmente aplicar-se a outros domínios do conhecimento além da física. O próprio autor não teme fazer incursões na biologia, na paleontologia e até na vida social. Em todo caso, a visão de Nottale nos mostra que estamos longe do 'fim da ciência': estamos, talvez em seu recomeço.

Edward O. Wilson, *Consilience – The Unity of Knowledge*
Little, Brown and Company, Londres, 1998, 374 p.

A unidade do conhecimento está decididamente na ordem do dia. O biólogo Edward Wilson, fundador, um tanto sulfuroso, da sociobiologia, é o autor de um vibrante apelo a esta unidade, que surpreende por seus impulsos humanistas. Edward Wilson está convencido que a única forma de fazer frente aos desafios do mundo moderno é procurando o que liga os diferentes domínios do conhecimento. Ele parte do antigo postulado da ordem, formulado como a existência de um pequeno número de leis gerais que se encontram na base de todo conhecimento humano. Ele não nos diz quais são estas leis, mas revela a necessidade de sua existência através de uma fascinante viagem enciclopédica através das diferentes disciplinas. Edward Wilson retoma, por sua conta, um neologismo introduzido em 1840 por William Whewell – *consilience* – cujo sentido mais aproximado em francês é coerência. Ele descreve seu programa como uma volta à filosofia das Luzes, cuja finalidade foi pervertida, segundo o autor, pelo triunfo e pela fecundidade do reducionismo ideológico. Edward Wilson considera que o que divide o mundo atual é a fronteira entre a cultura científica e a cultura pré-científica, que vê como um freio suspeito ao conhecimento moderno. Ele deseja que uma generalização planetária da cultura científica como preliminar à unificação entre a cultura científica e a cultura humanista seja realizada. Estas intenções são honrosas, mas o caminho traçado por Edward Wilson tem todas as características do antigo cientismo: o capítulo a respeito de sua crítica das teorias de Freud e de Jung é um exemplo eloquente. No lugar da rainha das ciências, papel outrora desempenhado pela física, Edward Wilson coloca a biologia. Sua visão da cultura e da religião como resultado de uma coevolução genes-cultura – a famosa teoria de Richard Dawkins – é bem inquietante. Se a base da unidade do conhecimento é, como diz Edward Wilson, um formalismo matemático a respeito dos genes, esta unidade é, na verdade, pobre e mesmo perigosa por causa das inevitáveis manipulações pelo poder em nome da ciência. Edward Wilson está contudo cônscio destes perigos e relativiza esta visão genética no fim do livro quando fala do novo pacto faustiano da evolução voluntarista, um outro nome das manipulações genéticas. Será por acaso que as últimas palavras de seu livro sejam: "(...) se nós nos imaginamos deuses (...) seremos anulados"?

David Deutsch, *The Fabric of Reality*
Penguin Books, New York, 1997, 390 p.

Uma visão de extrema originalidade sobre uma nova compreensão da Realidade por um dos profetas das calculadoras quânticas, David Deutsch, prêmio Dirac. David Deutsch entrevê a possibilidade de uma teoria unificada da Realidade e do conhecimento baseado em três pilares: a física quântica, as teorias da evolução e a nova teoria quântica da informação. Um papel central nesta unificação é desempenhado pela interpretação da mecânica quântica pelos universos paralelos – o 'multivers'. A seguir...

John Horgan, *The End of Science*
Broadway Books, New York, 1997, 322 p.

Depois da morte de Deus, da morte do homem, da morte da Natureza e do fim da história, estaremos vivendo o fim da ciência? Eis um *best-seller* que provocou um enorme escândalo nos Estados Unidos. O livro foi repudiado pelo conselheiro científico do presidente Clinton, pelo administrador da NASA, por uma multidão de prêmios Nobel, para não falar das inúmeras críticas em diferentes países do mundo. Qual o objeto do escândalo?

John Horgan é jornalista da *Scientific American* e sua competência não é questionada. O que é questionado é sua tese a respeito do conhecimento científico. John Horgan parte da constatação que tudo, neste mundo, tem um tempo de vida finito. O homem vive um certo tempo, a partícula um outro e até o Universo talvez seja mortal. As modas culturais também têm um certo tempo de vida, como os impérios. Podemos então nos perguntar se o conhecimento científico moderno, nascido no século XVI, já não teria vivido sua vida. Mais precisamente, podemos nos perguntar se, depois das três grandes construções intelectuais do século XX – a teoria da relatividade, a física quântica e a descoberta do código genético – o conhecimento do tipo científico não teria atingido seus limites. Não se trata, é claro, do fim da ciência como atividade humana – as ciências terão o trabalho de detalhamento até o fim dos tempos –, mas do fim daquilo que o espírito humano pode descobrir como leis fundamentais do Universo. Como se vê, a questão de John Horgen é menos simplória que o título do livro leva a pensar. Ele dirigiu esta questão a alguns dos cientistas mais brilhantes de nosso tempo.

As respostas cobrem um espectro extremamente largo entre o 'sim' incondicional e o 'não' violento. Em minha opinião, o grande valor do livro consiste no fato que, diante de uma questão tão grande generalizada e de tão grandes consequências, as personalidades interrogadas se viram obrigadas a abandonar a linguagem vazia do *bla bla bla* que muitas vezes caracteriza – infelizmente! – o diálogo cientistas-jornalistas e a expor suas convicções íntimas. As surpresas são muitas.

Assim, quando John Horgan pergunta a Karl Popper se sua célebre hipótese de falsificação das teorias científicas é falsificável, Popper responde: "É uma das críticas mais idiotas que se pode imaginar!" À questão a respeito da ausência de qualquer prognóstico experimental testável da teoria das supercordas, Edward Witten responde que esta teoria previu... a gravidade, ao mesmo tempo que reconhecia que o grande trunfo da teoria é sua autoconsistência, sua elegância, sua beleza. John Horgan é um pouco severo quando considera que de fato Witten – o mais brilhante de todos os físicos atuais – é um prático da 'ciência irônica' – que mais se aproxima da crítica literária ou da filosofia. A observação mais surpreendente vem de Murray Gell-Mann, o inventor dos quarks, quando ele diz que o problema da consciência é o último refúgio dos obscurantistas e dos mistificadores... Steven Weinberg, de forma mais ríspida, vai na mesma direção: para ele, a ciência elimina todo o plano divino e a Grande Teoria unificada da física vai eliminar o espírito místico.

Na outra ponta do espectro, é reconfortante ler as respostas equilibradas de Ilya Prigogine e de Freeman Dyson. Prigogine, enquanto expressa sua convicção em um renascimento da física, diz: "Não se pode acreditar que se é uma parte de um autômato acreditando no humanismo". Quanto a Dyson, este não exclui o fim da física tal como a conhecemos hoje: "O fim da física poderia ser o começo de alguma outra coisa".

Outros testemunhos muito estimulantes: Roger Penrose, Gunther Stent, Leo Kadanoff, Thomas Kuhn, Paul Feyrabend, Sheldon Glashow, Hans Bethe, John Archibald Wheeler, David Bohm, Andrei Linde, Stephen Jay Gould, Noam Chomsky, Edward Wilson, Francis Crick, David Chalmers, James Gleick, Mitchell Feigenbaum, Gerald Edelman, Gregory Chaitin, Franck Tipler.

Les Clés du XXIe. siècle, **sous la direction de Jérôme Bindé**

UNESCO/Le Seuil, Paris, prefácio de Koïchiro Matsuura, 2000, 516 p.

Sob a direção de Jérôme Bindé, a série de conferências 'Entrevistas do Século XXI' organizadas pela UNESCO, transformou-se em um lugar memorável da vida intelectual parisiense. A finalidade desses encontros é, como escreveu em seu prefácio Koïchiro Matsuura, diretor geral da UNESCO, estar "à escuta de todas as inteligências, de todas as disciplinas, de todas as culturas, e oferecer-lhes o espaço para livres conversações sobre o futuro". Observamos, entre as numerosas contribuições, as de Ilya Prigogine: *Flèche du temps et fin des certitudes* (Flecha do tempo e fim das certezas); de Stephen Jay Gould e Edgar Morin: *Quel avenir pour l'espèce humaine?* (Qual o futuro para a espécie humana?); de Luc Montagnier e David Heymann; *De quoi souffrirons-nous au XXIe. siècle?* (De que sofreremos no século XXI?), de Theodore Zeldin e Jean-Didier Vincent: *Quelles passions au XXIe siècle?* (Quais paixões no século XXI?), de Edgar Morin: *Réforme de la pensée et éducation au XXIe.Siècle* (Reforma do pensamento e da educação no século XXI), de Manuel Castells e Joël de Rosnay: *Informations, réseaux, identités* (Informações, redes, identidades), de Jean Baudrillard: *L'immatériel, le cyberespace, le clone: avons-nous cessé d'être réels?* (O imaterial, o espaço cibernético, o clone: deixamos de ser reais?), de Gianni Vattimo: *La société de communication généralisée* (A sociedade de comunicação generalizada), de Jérôme Bindé: *Vers l'apartheid urbain?* (A caminho do *apartheid* urbano?), de Christian de Portzamparc: *Vers le troisième âge de la ville?* (A caminho da terceira idade da cidade?), de Jacques Attali e Boutros Boutros-Ghali: *Prêts pour le XXIe. siècle?* (Prontos para o século XXI?).

Najm-oud-Dine Bammate, *L'Islam et l'Occident*
Christian Destremau/UNESCO, Paris, prefácio de Jean d'Ormesson, prólogo de Joseph Ki-Zerbo 2000, 168 p.

Najn-oud-Dine Bammate nasceu em 8 de dezembro de 1922 em Paris, filho de pais chechenos. Fez seus estudos de direito em Leningrado e estudou árabe e várias línguas ocidentais (conhecia quinze línguas). Pertenceu à ordem religiosa Naqshbandi. Bammate defendeu seu doutorado em direito romano na universidade de Lausanne e seguiu em Paris os cursos de Louis Massignon. Foi nomeado delegado do Afganistão na ONU em 1947. Em seguida trabalhou na UNESCO, onde exerceu altas funções: coordenador do projeto Oriente-Ocidente, diretor da divisão de filosofia e ciências humanas, diretor do departamento da cultura e finalmente conselheiro especial junto ao subdiretor geral para a cultura e a comunicação. Morreu em Paris em 15 de janeiro de 1985.

"Foi um homem lendário", escreveu Jean d'Ormesson em seu prefácio. "Suas responsabilidades de funcionário internacional não impediam que fosse um ser desperto para o plano espiritual. Tive o privilégio de encontrá-lo em uma cerimônia transreligiosa e guardo a lembrança de uma intensa presença magnética. Neste momento, em que me vejo obrigado a encarar o silêncio vergonhoso diante do genocídio de seu povo, penso nele, nele, no Checheno".

Como Philippe Lavastine, Bammate era um homem com o dom da palavra, da improvisação. Seus escritos reunidos nos livros *Destin de l'homme musulman* (Destino do homem muçulmano), *Visites à René Guénon* (Visitas a René Guénon), *Doctrine traditionnelle de l'État musulman* (Doutrina tradicional do Estado muçulmano), *L'Islam et l'Occident* (O Islão e o Ocidente), *La pensée islamique en présence de l'Occidente* (O pensamento islâmico perante o Ocidente), *Foi et raison chez Avicenne* (Fé e razão em Avicenne), *L'Islam et le sens de l'histoire* (O Islão e o sentido da história), *L'univers politique des arabes* (O universo político dos árabes) (diálogo com Jacques Berque), *Présence de Louis Massignon* (Presença de Louis Massignon), conservam contudo o perfume da improvisação. Uma citação sobre a liberdade, segundo o Islã, ilustra realmente o pensamento de Bammate:

"Com efeito, tendo criado o homem, tendo-lhe conferido a liberdade, tendo-o consagrado com esta dignidade, Deus ordena que os anjos se prosternem diante de Adão. Os anjos, criados do fogo, marcados assim com o sinal da nobreza espiritual, devem prostrar-se diante do homem, modelado com argila, aprisionado dentro da matéria. Pois Adão pode chamar os anjos, mas os anjos ignoram o nome de Adão... Somente Adão, o ser feito de lama, grumo de sangue coagulado, como diz o Corão, pode fazer a Deus a oferenda de um amor que teria a dimensão da liberdade. Lucifer nega o reconhececimento desta soberania. Somente Deus conhece os segredos. Os anjos se prostram diante de Adão. O fogo se avilta diante do barro. Lucifer precipitou-se. Ele será para sempre, Satã, 'iblis', o hostilizado."

Steven Wasserstrom, *Religion after Religion – Gershom Scholem, Mircea Eliade and Henry Corbin at Eranos*
Princeton University Press, Princeton, 1999, 368 p.

Bryan S. Rennie, *Reconstructing Eliade – Making sense of Religion*
State University of New York Press, Albany, prefácio de MacLinscott Ricketts, 1996, 294 p.

Atualmente a noção de 'sagrado' vem sendo violentamente criticada nos círculos acadêmicos quanto à colocação da questão da vida e da obra de Mircea Eliade. Talvez ainda se lembrem de um livro escandaloso – porque era acusador, sem nenhum argumento científico – surgido na França há alguns anos, onde o autor (Daniel Dubuisson) qualificava Eliade de 'herético'. Para alguns, o sagrado é com exatidão uma hipótese entre outras que deve ser submetida ao critério poperiano da falsificação. Quando muito, o sagrado é considerado como um fenômeno histórico.

Bryan Rennie, reputado historiador das religiões, refuta as afirmações de Dubuisson de forma documentada. Quanto a Steven Wasserstrom, outro historiador das religiões, faz um paralelo entre os ensinamentos de Scholem, Eliade e Corbin, principalmente, reunidos através de suas intervenções nos célebres encontros *Eranos de Ascona* em torno de Jung. Wasserstrom usa o belo oximoro[1] "a religião depois da religião" para caracterizar estes ensinamentos, precursores da transreligião.

Alguns historiadores das religiões, obcecados pela neutralidade, pela objetividade e pela refutação, me fazem pensar nos físicos do século XIX. Rennie e Wasserstrom, abertos ao espírito de nosso tempo, são felizes exceções.

Raimon Panikkar, *Entre Dieu et le cosmos*, Entretiens avec Gwendoline Jarczyk.
Albin Michel, col. 'L'expérience intérieure', Paris, 1998, 280 p.

Depois da morte de Eliade, Raimon Panikkar se impõe como o mais importante filósofo vivo das religiões. Sua obra – imensa (mais de cinquenta trabalhos) – é pouco conhecida na França. Suas recentes entrevistas com Gwendoline Jarczyk constituem uma boa introdução a seu trabalho.

Filho de pai indiano e mãe catalã, Panikkar ordenou-se

[1] NT: oximoro = figura que consiste em juntar duas palavras de sentido contraditório para lhes dar mais força expressiva.

padre em 1946, depois de estudar na Índia e na Europa e foi professor na universidade de Santa Bárbara nos Estados Unidos. Titular de muitos doutorados, Panikkar é mais do que um professor e um padre – ele é um sábio, cuja presença é paradoxalmente harmonizada por sua incrível erudição. Instalado em Tavertet, nas montanhas de Catalunha, em um lugar de beleza arrebatadora, Raimon Panikkar dirige atualmente o centro de estudos interculturais Vivarium. Seu trabalho, através das culturas e das religiões, permanecendo ancorado na religião cristã, perturba e interroga. Panikkar não vê nenhuma contradição entre a visão cristã do mundo e a mística indiana. Ele é hoje o grande profeta daquilo que chama o diálogo intrareligioso – aquele que tem lugar no íntimo do coração do ser humano.

" (...) desde o começo, já criança, fui o que Mircea Eliade exprime quando fala do *Homo religiosus*", diz desde o começo Panikkar. Seu critério de verdade é a experiência – um contato imediato com o real. A viga mestra de sua filosofia é o cosmoteandrismo, neologismo através do qual ele descreve a realidade em sua estrutura ternária Homem-Mundo-Deus: "Ao teandrismo da tradição cristã, acrescento o cosmo, porque, até o presente, o cosmo era no mínimo negligenciado, quando não desprezado, pelas espiritualidades nas quais a matéria era muitas vezes o símbolo do mal, da inautenticidade, pelo menos do provisório." Finalmente, Panikkar tem uma concepção muito original da Trindade, como mistério do encontro entre o humano e o divino. Sua Trindade radical "elimina o abismo, o hiato, a ruptura (...) entre criação e criador". Segundo Panikkar, existem três dimensões da Realidade: uma dimensão corporal, uma dimensão de consciência e uma dimensão divina. O espírito humano tem uma orientação ternária, diz Panikkar, citando o muito conhecido *ni eso, ni esotoro* (nem isso nem aquilo) de São João da Cruz no desenho que acompanha a subida do Carmel.

A crítica da religião, como a da ciência, mostra exatamente a força do pensamento de Panikkar: "(...) pergunto-me se a religião como tal, em sua figura habitual, tem o monopólio da 'religião'. E a resposta é: absolutamente não (...) eu afirmo que merece o nome de religião aquilo que une, aquilo que está sob o sinal da unidade: no mais fundamental, na alma e no corpo." Para ele "cada religião deve ser entendida como uma linguagem. Ora, em cada língua, exprimimos tudo o que acreditamos ter necessidade de dizer e o dizemos dentro da particularidade desta língua, com sua força e seus limites." A conclusão surge implacável: "Todas as religiões hoje (...) devem se converter". Sua crítica da religião é igualmente pertinente. Panikkar não é um adversário da ciência como poderíamos crer. Muito pelo contrário. Mas ele reprova à ciência seu afastamento de tudo o que é humano: "O objetivo de minha crítica epistemológica é que a ciência moderna gostaria que acreditássemos que podemos conhecer sem amar". Panikkar forjou o conceito de ontonomia (a ordem do ser): "uma ordem interna que diz respeito a toda a realidade em sua solidariedade não dualista entre todos os domínios e todos os reinos ou campos da realidade. O campo da ciência não é autônomo; ele é ontônomo."

"O homem deverá responder com qualquer palavra que não seja um sacramento, que não seja uma encarnação do silêncio...", diz Raimon Panikkar. As palavras de Panikkar nestas entrevistas são efetivamente uma encarnação do silêncio.

Wolfgang Pauli et Carl Gustav Jung, *Correspondance 1932-1958*

Albin Michel, Paris, traduzido do alemão por Françoise Périgaut, edição dirigida e comentada por C. A. Meier, introdução de Michel Cazenave, col. 'Sciences', 2000, 380 p.

Wolfgang Pauli, *Physique moderne et philosophie* Albin Michel, Paris, traduzido do alemão por Claude Maillard, apresentação de Michel Cazenave, col. 'Sciences', 1999, 292 p.

Celebramos neste ano o centenário do nascimento de um dos maiores físicos de todos os tempos, Wolfgang Pauli (1900-1958). Uma das melhores homenagens que poderíamos lhe prestar é exatamente a edição de sua correspondência com Carl Gustav Jung, acontecimento cultural cujo impacto no futuro dificilmente poderemos apreciar. Certamente sabíamos que Pauli foi paciente de Jung e que este encontro fortuito foi a origem de uma grande amizade espiritual. Sabemos também que Pauli estava interessado na alquimia e que tinha provocado um diálogo com Jung sobre o paralelismo psíquico-físico. Mas este livro é mais que uma surpresa feliz – trata-se de uma verdadeira revelação. Revelação, em primeiro lugar, de Pauli como filósofo (gostaria de arriscar aqui a expressão filosofia experimental), até mais que em seu livro 'oficial' *Physique moderne et philosophie* (Física moderna e filosofia). Revelação também da abundância da troca intelectual e espiritual entre Pauli e Jung: oitenta cartas entre 1932 e 1958 (somente o período de 1941-1945 está ausente desta correspondência).

Pauli anotou com espantosa minúcia centenas de seus sonhos, cuja interpretação discute com Jung e sabe-se que o texto de Jung, *Symboles oniriques du processus d'individuation* (Símbolos oníricos do processo de individuação) está baseado nos sonhos de Pauli durante sua análise. O vai e vem entre mecânica quântica, alquimia e as teorias de Jung tem como surpreender os físicos de hoje, principalmente os da jovem geração, fechados em uma física técnica e longe de qualquer preocupação filosófica. Que físico reputado poderia hoje ousar afirmar o que Pauli escrevia em sua longa carta a Jung de 27 de fevereiro de 1953: "Mas, como os alquimistas tinham realmente pressentido, a matéria é provavelmente tão profunda quanto o espírito e duvido que o objetivo de uma evolução, qualquer que seja, possa ser uma espiritualização absoluta. As ciências feitas pelos homens tratarão sempre – independentemente de nossas vontades e de nossos planos, e mesmo quando se tratar de ciências da natureza – de temas sobre o homem."

O tom da troca entre Jung e Pauli é por si só surpreendente por causa de um espírito de cortesia e de pudor ultrapassado em nossa época. Em nenhum momento sente-se o médico dirigindo-se com condescendência a seu ex-paciente 25 anos mais jovem ou o físico com o prestígio social de seu prêmio Nobel a um pensador um tanto perigoso, pelo menos aos olhos da comunidade daqueles que praticam as ciências exatas. Não são as contradições nem mesmo as oposições que faltam nesta correspondência (ver, por exemplo, as reservas de Pauli quanto à explicação de Jung a respeito da sincronicidade ou da parapsicologia), mas estas contradições e estas oposições são colocadas a serviço de uma espécie de alimento recíproco de seus próprios pensamentos unidos por uma única e mesma paixão: a da exploração do paralelismo psíquico/físico. O rigor da troca é também importante: evidentemente Pauli estudou com grande cuidado as teorias de Jung e Jung esforçava-se para entrar o tanto quanto possível no universo do físico.

Este livro é uma mina de informações em todos os planos. Assim podemos descobrir nele, em um ensaio não publicado de Pauli, *Exemples modernes de la 'physique des fondements'* (Exemplos modernos da 'física dos fundamentos') – Apêndice 3, um fantástico sonho de Pauli com sete imagens sucessivas. A primeira imagem é a de um ovo que em seguida se divide em dois, três e quatro ovos, sem trincar. A quinta imagem é uma matriz matemática 2/2, a sexta, uma fórmula, a de uma exponencial, que é também a fórmula de um círculo de raio 1. A última imagem é justamente a de um círculo. Esta metamorfose de um ovo (o ovo do mundo?) em círculo, passando pelo quaternário tão precioso para o pensamento de Pauli, proporcionou-lhe a ocasião para lembrar o axioma de Maria, a Profetisa: do 3 nasce o 4 que é 1.

O livro *Physique moderne et philosophie* (Física moderna e filosofia) é um complemento útil da correspondência entre Pauli e Jung. Nele descobre-se, em particular, o artigo *Aspects scientifiques et épistémologiques des idées concernant l'inconscient* (Aspectos científicos e epistemológicos das idéias a respeito do inconsciente) publicado na *Dialectica* em 1954. O procedimento transdisciplinar do pensamento de Pauli está claramente explícito: "(...) é precisamente a concordância do sentido entre as idéias que nascem quase simultaneamente em diferentes ramos do saber, sua coincidência significativa, que me faz sair, neste artigo, do domínio restrito de minha especialidade: a 'correspondência', os 'pares de opostos complementares' e a 'totalidade', a 'inteireidade' se apresentam igualmente, de maneira independente, em física como em psicologia do inconsciente".

Notas bio-bibliográficas

ADONIS

Nasceu em 1930. Poeta libanês, ensaísta, tradutor, conferencista internacional, membro ativo do CIRET (Centro Internacional de Pesquisas e de Estudos Transdisciplinares), co-fundador, em Beirute, da revista *Shi'r* ('Poesia') e fundador de *Mawakif* ('Tomadas de posição'), vive em Paris desde 1986 depois de ter apresentado, em 1984, as *Leçons sur la poétique arabe* (Exposições sobre a poética árabe) no *Collège de France,* publicadas com o título de *Introduction à la poétique arabe* (Introdução à Poética Árabe) (Sindbad, 1985).

Entre suas numerosas obras poéticas traduzidas para o francês, estão: *Chants de Mihyar le Damascène* (Sindbad, 1983), *Tombeau pour New York* (Sindbad, 1986), *Chronique des branches* ('Orphée', La Différence, 1991), *Mémoires du vent* (Poésie/Gallimard, 1991), *Soleils seconds* (Mercure de France, 1994). E um ensaio essencial sobre a cultura árabe: *La Prière et l'Épée* (Mercure de France, 1993). Sobre o autor: *Adonis, le visionnaire,* ensaio de Michel Camus nas éditions du Rocher.

JOSÉ ANÈS

Nasceu em Lisboa em 21 de junho de 1944. Bacharel em química pela faculdade de Ciências de Lisboa. Nos anos setenta, José Anès foi assistente de biomatemática na faculdade de medicina de Lisboa. Membro correspondente em Portugal da associação e da revista *Ariès* dirigidas por Antoine Faivre. Membro do comitê de redação da revista *L'Esprit des choses* dirigida por Rémi Boyer. Desde 1986 é professor convidado de Matemáticas para as Ciências Humanas do Departamento de Antropologia da Universidade Nova de Lisboa. Cursos abertos sobre esoterismo no Instituto de Sociologia das Religiões, doutorado em Antropologia do Simbolismo nesta universidade (2000): 'Etnologia dos Grupos Alquímicos Contemporâneos' e 'Antropologia do Imaginário Alquímico'. Interesses atuais: transdisciplinaridade, imaginário, simbólico e esoterismo.

René Barbier

Nasceu em 9 de julho de 1939, em Paris, em uma família operária. Após estudos de direito, de economia e de sociologia, especializou-se em ciências da educação. Assistente, mestre-assistente (Universidade Paris-XIII), depois professor (ciências da educação, Universidade Paris-VIII). Ele procurou conjugar, na pesquisa em educação, três dimensões essenciais do ser humano: o ser da pulsão, o ser social e o ser do sagrado.

Publicações científicas: *La Recherche-Action dans l'institution éducative* (Gauthier-Villars, 1977), *La Recherche-Action* (Anthropos, 1996), *L'Approche transversale, l'écoute sensible en sciences humaines* (Anthropos, 1997).

Poesias: *Golem,* com 32 desenhos de Jean Guillerat (Millas-Martin, col. 'IO', 1970, esgotada, em preparo a reedição digital na Web), *Simplement toi* (Avel-Nevez, Plougrescant, 1978, esgotada, em preparo a reedição digital na Web e em antologias).

Ver os poemas e os textos científicos no site Internet: <*http:www.fp.univ-paris8.fr/recherches/PagepersoRB.html*>

René Berger

Professor honorário da universidade de Lausanne; antigo diretor-conservador do Museu de Belas-Artes; presidente de honra da Associação Internacional dos Críticos de Arte (AICA) e da Associação Internacional pelo Vídeo nas Artes e na Cultura (AIVAC); membro do conselho de administração do CIRET.

'Principais publicações: *Découverte de la peinture* (Guide du Livre, 1958, Marabout Université, 1969), *Art et Communication* (Casterman, 1972), *La Mutation des signes* (Denoël, 1972), *La Téléfission, alerte à la télévision* (Casterman, 1976), *Il Nuovo Golem, televisione e media tra simulacri e simulazione* (Cortina, Milan), *L'Origine du futur* (éditions du Rocher, 1996). Televisão: 'Conhecimento da pintura', série de treze programas transmitidos em mais de vinte e cinco países.

Internet: *World Art Treasures*, 'Ao encontro dos tesouros de arte do mundo'; EPFL desde 1994: <*http://www.epfl.ch/BERGER/*> - Observatório para o estudo da universidade do futuro: (OEUF) <*http://www-uf.epfl.ch/UF/*> - E.mail: <*rene.berger@iis.unil.ch*>

Jean Biès

Nasceu em Bordeaux em 1933. Poeta, filósofo, 'docteur d'État' em letras: literatura francesa e pensamento indiano (C. Klincksieck, 1973, prêmio da Ásia, Academia das Ciências d'Além mar). Membro ativo do CIRET.

Autor de inúmeras obras consagradas às espiritualidades do Oriente e do Ocidente, entre as quais *Empédocle d'Agrigente* (Éditions Traditionnelles, 1969), *Passeports pour des temps nouveaux* (Dervy, 1982), *Retour à l'essenciel* (Dervy, 1986), *Art, gnose et alchimie* (Le Courrier du Livre, 1987), *Lettre recommandée aux professeurs* (éditions du Rocher, 1993), *Miroir de poésie* (Groupe de recherches polypoétiques, 1994), *Les Chemins de la ferveur* (Terre du Ciel, 1995), *Athos, la montagne transfigurée* (Les Deux Océans, 1997), *Sagesse de la Terre* (Les Deux Océans, 1997), *Voies des sages* (P. Lebaud, 1996), (O Caminho do Sábio, Ed. TRIOM, 2001), *Grands InitIés du XXe. siècle* (P. Lebaud, 1998), *Les Alchimistes* (P. Lebaud, 2000). Contribuições aos *Cahiers de l'Herne* (R. Guénon, M. Eliade, Nirvâna), *Les Dossiers H* (R. Daumal, F. Schuon), *Connaissance des Religions, Phréatique.*

Joseph E. Brenner

Nascido em 29 de abril de 1934 em Paris, filho do escultor Michael Brenner (Lituânia, 1885 – Nova Iorque, 1969) e de Frances Brenner (Nova Iorque, 1899 – Nova Iorque, 1996); viveu em Nova Iorque entre 1938 e 1951.

1951–1954: B. A. (Bachelor of Arts) depois M. S. (Master of Science – Chemistry) na Universidade de Chicago. 1958: Ph. D. em Química Orgânica na Universidade de Wisconsin, em Madison. 1958–1960: estudos pós-doutorado na Escola Federal Politécnica de Zurique, depois MIT. 1965: químico no laboratório central da DuPont de Nemours Inc. nos Estados Unidos. 1965–1993: trabalho na DuPont de Nemours S.A. em Genebra, responsável pelo desenvolvimento da sociedade nos países da África do Norte, África francesa, depois na Europa do Leste, URSS, etc. Aposentado em fins de 1993. 1998–1999: colaboração com René Berger e o OEUF (Observatório para o estudo da universidade do futuro). Início de colaboração com Basarab Nicolescu, Michel Camus e o Grupo 21.

Publicações: artigos científicos, colaboração para o catálogo lógico biográfico de seu pai. Associações: American Association for the Advancement of Science, Association F. Gonseth, New York Academy of Sciences.

Ron Burnett

Presidente do *Emily Carr Institute of Art*, o professor Ron Burnett é o ex-diretor do *Graduate Program in Communications* na Universidade McGill, autor de três livros incluindo *Cultures of Vision: Images, Media and the Imaginary*, e de *How Images Think*, a ser lançado brevemente, publicado pela MIT Press. Dr. Burnett é autor de mais de uma centena de artigos publicados no mundo inteiro, foi membro do força tarefa *Learning Without Frontiers* na UNESCO, membro do *Board of Governors of the Centre For Curriculum, Transfer and Technology* e foi o fundador e editor chefe da *Ciné-Tracts Magazine.* Dr. Burnett trabalha atualmente nos campos do cinema, comunicação, novas midias, fotografia e estudos culturais e ajudou a estabelecer a disciplina *Film Studies* no Canadá. Ele foi recentemente nomeado doutor de notório saber pelo *Burda Centre for Innovative Communications* da Universidade Ben Gurion em Israel e é membro fundador do *New Media Innovation Centre* em Vancouver, Canadá.

Michel Camus

Escritor, filósofo, co-fundador das revistas *Lettre Ouverte* (1960) e *L'Autre (1990)*, redator chefe da revista *Obliques* (1976-1983), diretor de coleção nas edições Fayard (1984-1988), diretor das edições *Lettres vives* desde 1981, produtor-comissionado na France-Culture desde 1984, membro do conselho de administração do CIRET.

Últimas publicações: *L'Arbre de vie du vide* (Le Tallis Pré, 1998), *Aphorismes sorciers* (éditions du Rocher, 1996), *Antonin Artaud, une autre langue du corps* (Opales, 1996), *Entretiens avec Christian Bobin* (Radio-France, 1995), *Hymne à Lilith* (Lettres vives, 1993), *Les Avatars du regard* (Opales, 1999), *Adonis le visionnaire* (éditions du Rocher, 2000).

ANDRÉ CHOURAQUI

Nasceu em 11 de agosto de 1917. Escritor, filósofo, conferencista internacional, porta-voz da cultura francesa em Israel, tradutor e intérprete dos textos fundamentais das religiões monoteístas, 'portador de paz' por sempre tomar parte ativa nos movimentos interconfissionais para o desenvolvimento da amizade entre judeus, cristãos e muçulmanos, membro do conselho de administração do CIRET. Várias obras suas foram traduzidas em dezoito línguas.

Entre suas obras publicadas na França, estão: *La Bible hébraïque et le Nouveau Testament* (Desclée de Brouwer), *L'Univers de la Bible* (Brépols-Lidis), *Le Coran* (Robert Laffont), *Jérualem, une ville sanctuaire* (éditions du Rocher) e *L'Amour fort comme la mort* (éditions du Rocher).

OLIVIER GERMAIN-THOMAS

Nasceu em 1943 em Corrèze. Fez seus estudos na Sorbonne, em literatura e filosofia.

Em 1968, tese de doutorado em estética da arte budista na Índia.

Em 1970, delegado geral do Instituto Charles-de-Gaulle.

A partir de 1978, produtor na France-Culture, 'Agora' e depois 'For intérieur'.

Publicações (seleção): *Bouddha, terre ouverte* (Albin Michel, 1993), *La Tentation des Indes* (reed. Albin Michel, 1993), *Le Village des serpents* (Albin Michel, 1997), *Images découpées en Birmanie* (Fata Morgana, 1997), *Marion ou le corps enseignant* (éditions du Rocher, 2000).

JEAN-YVES LELOUP

Escritor, conferencista internacional na Europa, nos Estados Unidos e na América do Sul, doutor em filosofia, psicologia e teologia, padre ortodoxo, seu ensinamento inscrito em uma visão transdisciplinar revela os elementos de uma antropologia básica presente nas grandes tradições da humanidade. Fundador do Colégio Internacional dos Terapeutas, Brasília. Membro da Organização das tradições unidas. Doutor em ciências *honoris causa* na universidade de Colombo (Sri Lanka).

Publicou cerca de trinta obras sobre as origens do cristianismo entre as quais: *L'Enracinement et l'ouverture* (1989), *Écrits sur l'hésychasme* (1990), *L'Absurde et la Grâce* (1991), *Paroles du Mont Athos* (1991), *Prendre soin de l'être* (1993), *Manque et Plénitude* (1994), *Paroles de Jésus* (1994), *Désert, déserts* (1996), *Le Livre des morts* (1997), *L'Art de mourir* (1997), *Introduction aux 'vrais philosophes', les Pères grecs* (1998), *Aimer... malgré tout* (1999), *Paroles d'ermites* (2000), *La Montagne dans l'océan* (2000), *L'Art de l'attention* (2000), *L'Icône, une école du regard* (2000).

Basarab Nicolescu

Físico teórico no Centro Nacional de Pesquisa Científica (CNRS). Presidente-fundador do Centro Internacional de Pesquisas e de Estudos Transdisciplinares (CIRET). Diretor da coleção *Transdisciplinaridade* nas éditions du Rocher.

Autor, entre outras, de *Nous, la particule et le monde* (Le Mail, 1985, medalha de prata da Academia francesa em 1986), *L'Homme et le sens de l'Univers, essai sur Jakob Boehme* (Éditions du Félin/Philippe Lebaud, 1988, 2ª ed. 1995, Benjamin Franklin Award for Best History Book, Estados Unidos, 1992), *Théorèmes poétiques* (éditions du Rocher, 1994), *La Transdisciplinarité, manifeste* (éditions du Rocher, 1996 – O Manifesto da Transdisciplinaridade, Editora Triom, 1999).

Patrick Paul

Doutor em medicina, homeopata, doutorando em ciências da educação, antigo aluno do Instituto Pasteur, diplomado em Antropologia Médica, professor de medicina chinesa na Paris-VIII e em Ciências da Educação em Rennes-II, professor convidado na Escola de Saúde Pública de São Paulo (Brasil).

Publicações: *L'Art comme puissance thérapeutique* (Bulletin n° 7/8 do CIRET, 1976), *Le Chant sacré des énergies* (Présence, 1983, 2ª ed., 1990), *Origens da doença e a Busca do Equilíbrio* (Ed. Ágape, São Paulo, 1991, 2ª ed., 2000), *Os Sete Degraus do Ser* (Ed. Ágape, São Paulo, 1995), *Tendre la main au vide* com Pierre Deporte (éditions du Prieuré, 1996), *Sonhos, Seus Mistérios e Revelações, Sonho Terapêutico, Sonho Iniciático* (Fundação Peirópolis, Brasil, 1997), *Santé publique et transdisciplinarité* (revue *AEsculape* nº10, 1998), *Le Paradoxe du rien* em *Transdisciplinarity – Transdisciplinarité* (Hugin, Portugal, 1999).

Philippe Quéau

Diretor da Divisão de Informação e Informática da UNESCO, antigo aluno da Escola Politécnica, engenheiro diplomado pela Escola Nacional Superior das Telecomunicações, fundador do forum IMAGINA de Monte Carlo. Membro fundador do CIRET.

Publicações: *Éloge de la simulation, de la vie des images à la synthèse des images* (Champ Vallon, 1986), *METAXU, théorie de l'art intermédiaire* (Champ Vallon, 1989), *Le Virtuel, vertus et vertiges* (Champ Vallon, 1993), *Art @Science* (Springer, Nova Iorque, 1998).

Manuel Rainoird

Diplomado em ciências políticas. Carreira no setor privado, depois no setor audiovisual público. Paralelamente desenvolveu uma especialização em arte e em pintura moderna. Escritor, cenarista de teatro, autor de programas de televisão (*Les Chemins de Jean Hélion*). Introduziu na televisão francesa a prática de legenda para deficientes auditivos.

MICHEL RANDOM

Escritor, filósofo, cineasta, fotógrafo e conferencista internacional. De 1984 a 1999, participou dos principais colóquios que marcaram o pensamento de nosso tempo, entre os quais 'Oriente Ocidente', Tsukuba, Japão, 1984. Foi relator e signatário das Declarações dos colóquios internacionais 'Ciência e Cultura' organizado pela UNESCO e pela ONU: 'Ciência e Tradições', Veneza, 1986; 'A sobrevivência do planeta', Vancouver, 1989; 'A mutação do futuro', Tóquio, 1995. Em 1982, incentivou os doze primeiros números da revista *Troisième Millénaire,* que dá testemunho de um espírito transdisciplinar de vanguarda. Em 1983, criou a *Éditions Le Félin.* É autor de cerca de vinte livros, de vinte e cinco horas de filmes para a televisão francesa e de um trabalho fotográfico importante.

Principais trabalhos: *Les Puissances du dedans* (Denoël, 1966), *Le Grand Jeu* (Denoël, 1970, 2 vol.), *Les Arts martiaux* (Nathan, 1977), *L'Art visionnaire* (Nathan, 1979, para o tomo I; P. Lebaud, 1993, para o tomo II), *Mawlana, le soufisme et la danse* (Sud Éditions, 1980), *La Tradition et le Vivant* (Le Félin, 1987), *Rumi, la connaissance et le secret* (Dervy, 1996). Diretor de trabalhos intelectuais e participante de trabalhos coletivos: *La Vision transpersonnelle* (Dervy, 1996), *La Pensée transdisciplinaire et le réel* (Dervy, 1996 – O Pensamento Transdiciplinar e o Real, Ed. Triom, 2000).

Impressão e Acabamento
Com fotolitos fornecidos pelo Editor

EDITORA e GRÁFICA
VIDA & CONSCIÊNCIA

R. Agostinho Gomes, 2312 • Ipiranga • SP
Telefax: (11) 6161-2739 / 6161-2670
e-mail: gasparetto@snet.com.br
site: www.gasparetto.com.br